KRIKO DANİELS'IN YEMEK KİTABI

Kriko DANİELS'IN'ın İçerdiği 100'den Fazla Tarifle Tennessee'nin Cesur ve Farklı Lezzetlerinin Kilidini Açın. Dumanlı Barbeküden Tatlı Tatlılara ve Aradaki Her Şeye

Batuhan Doğan

Telif hakkı Malzeme ©2023

Her hakkı saklıdır

Yayıncının ve telif hakkı sahibinin uygun yazılı izni olmadan, bu kitap bir incelemede kullanılan kısa alıntılar dışında hiçbir şekilde, şekilde veya biçimde kullanılamaz veya dağıtılamaz. Bu kitap, tıbbi, yasal veya diğer profesyonel tavsiyelerin yerine geçemez.

İÇİNDEKİLER

- İÇİNDEKİLER 3
- GİRİİŞ 7
- KAHVALTI 8
  - 1. Kriko DANİELS'IN Tavuk ve Gofretler 9
  - 2. Kriko DANİELS'IN Şeftali Fransız Tostu 11
  - 3. Viski Krepleri 14
  - 4. Viski Sırlı Kahvaltı Jambonu 16
  - 5. Viski Fransız Tostu 18
  - 6. Viski Pastırma 20
  - 7. Viski Tarçınlı Rulolar 22
  - 8. Viski Şeftali Krep 24
  - 9. Viski Muzlu Ekmek 26
  - 10. Viski Sırlı Pastırma ve Yumurtalı Sandviç 28
  - 11. Viski Muzlu Krep 30
  - 12. Kriko Daniel'in Baharatlı Yumurtaları 32
- ATIŞTIRMALAR 34
  - 13. Kayalık Yol Şekerleme Barları 35
  - 14. Kriko DANİELS'IN Kekleri 37
  - 15. Çikolata Parçası Kriko DANİELS'IN Kurabiye 40
  - 16. Kriko DANİELS'IN Marine Karides 42
  - 17. Kabak Kriko DANİELS'IN Muffinleri 44
  - 18. Kriko Daniel's Barbekü Patlamış Mısır 46
  - 19. Kriko Daniel'in Ballı Hardal Sosu 48
  - 20. Viski çikolatalı yer mantarı 50
  - 21. Kriko Daniel'in Sırlı Kuruyemişleri 52
  - 22. Kriko Daniel's Kaşar Bisküvileri 54
  - 23. Viski Pastırma Sarılmış Hurma 56

24. Viski Peynir Sosu 58

25. Viski Karamelli Patlamış Mısır 60

26. Viski Hardal Kraker 62

27. Viski Sosis Ruloları 64

ŞEBEKE 66

28. Kriko DANİELS'IN Kurutulmuş Sığır Eti 67

29. Kriko Daniel's Biftek 69

30. Kriko Daniel's Izgara Mandren Kızartmak 71

31. Baileys ve Kriko Daniel's Soslu Bonfile 73

32. Limon Otu Izgara Domuz Eti 75

33. İskoç Haggis 77

34. Kriko Daniel's Pastırma Mac 'n' Peynir 79

35. Passion Fruit Soslu Tavuk Göğsü 81

36. Bourbon barbekü tavuğu 83

37. Bal-bourbon ızgara domuz eti 85

38. İskoç köftesi 87

39. Bourbon Soslu Pastırma Sarılmış Tavuk 89

40. Kriko Daniel'in Barbekü Kaburgaları 91

41. Kriko Daniel's Rib-Eye Steak 93

42. Kriko Daniel's Ballı Hardallı Tavuk 95

43. Kriko Daniel's Glazed Somon 97

44. Kriko Daniel'in Çekilmiş Domuz Eti 99

45. Kriko Daniel's Pastırma Sarılmış Karides 101

46. Kriko Daniel's Biber 103

47. Kriko Daniel'in Tavuk Kanatları 105

48. Kriko Daniel's Barbekü Köfte 107

49. Kriko Daniel'in Kuru Fasulyesi 109

TATLI 111

50. Kriko Daniel'in Çikolatalı Dondurması 112

51. Kriko Daniel's Çikolatalı Rulo Dondurma 114

52. Kriko DANİELS'IN Füme İncirli Dondurma 116

53. Eski Moda Dondurma 119

54. Eggnog Dondurulmuş Muhallebi 121

55. Yuzu Matcha Tiramisu 124

56. Kriko Daniel'in Kahveli Turtası 126

57. İrlanda Crème Kahve Bombaları 128

58. Kırmızı, Beyaz ve Yabanmersinli Peynircake Popsicles 130

59. Tatlı kremalı kepekli kekler 133

60. Mini Kriko DANİELS'IN Çikolatalı Kek 135

61. Şekerli Kurabiye Kupa Kek 137

62. Karamel Kriko DANİELS'IN fondü 139

63. Mango ve Kriko Daniel's Parfe 141

64. Kriko Daniel'in Tiramisu'su 143

65. Tiramisu Whoopie Pies 145

66. Elma Fantezi Tatlısı 148

67. Mini Portakallı ve Safranlı Kekler 150

68. Çiçek ve Kriko Daniel'in köpüğü 152

69. Macadamia Kriko Daniel'in kremalı turtası 154

70. Karamelli Kriko Daniel's fondü 157

çeşniler **159**

71. Windy City Sokak Dövüşçüsü Sosu 160

72. Joker Sos 162

73. Kriko Daniel's Çin Sosu 164

74. Viski Sosis Sosu 166

75. Kriko Daniel'in Hardalı 168

76. Kriko Daniel's Chipotle Ketçapı 170

77. Kriko Daniel'in Sarımsaklı Aioli'si 172

78. Kriko Daniel'in Acı Sosu 174

79. Kriko Daniel'in Akçaağaç Cilası ... 176

80. Kriko Daniel's Barbekü Ovması ... 178

81. Kriko Daniel'in Biftek Sosu ... 180

82. Kriko Daniel's Horseradish Sos ... 182

83. Kriko Daniel'in Ballı Hardalı ... 184

84. Kriko Daniel'in Aioli'si ... 186

85. Kriko Daniel's Vinaigrette ... 188

86. Kriko Daniel's Tartar Sosu ... 190

87. Kriko Daniel'in Kızılcık Sosu ... 192

88. Kriko Daniel's Karamel Sos ... 194

89. Kriko Daniel's Barbekü Sosu ... 196

İÇECEKLER VE KOKTEYLLER ... 198

90. Safran Eski Tarz ... 199

91. Kriko Daniel'in Boba Kokteyli ... 201

92. Köpüklü Balkabağı Turtası Kokteyli ... 203

93. Fesleğen Jalapeno Kefir Kokteyli ... 205

94. Kriko DANİELS'IN Buzlu Çay ... 207

95. Tiramisu Kriko Daniel'in Kokteyli ... 209

96. Kriko Daniel'in Şeftali Smoothie'si ... 211

97. Kriko Daniel'in Muzlu Smoothie'si ... 213

98. Kriko Daniel's Blueberry Smoothie ... 215

99. Kriko Daniel'in Çikolatalı Smoothie'si ... 217

100. Kriko Daniel'in Çilekli Smoothie'si ... 219

ÇÖZÜM ... 221

GİRİİŞ

Kriko DANİELS'IN Yemek Kitabı'na hoş geldiniz! Cesur ve lezzetli yemeklerin hayranıysanız, o zaman bir ziyafet içindesiniz. Bu yemek kitabı, Kriko DANİELS'IN viskisinin eşsiz tadıyla harmanlanmış 100 lezzetli tarifle dolu.

İster deneyimli bir ev aşçısı olun, ister mutfakta yeni başlayan biri olun, bu yemek kitabında herkes için bir şeyler var. Aperatiflerden mezelere ve tatlılara kadar aralarından seçim yapabileceğiniz çok sayıda ağız sulandıran seçenek bulacaksınız. Ve elbette, her yemeğin o imza Kriko DANİELS'IN vuruşu vardır.

Barbeküde çekilmiş domuz eti ve kızarmış tavuk gibi klasik Güney tariflerinin yanı sıra viski sırlı somon ve ballı viski sırlı havuç gibi eşsiz yemekleri dahil ettik. Ve tatlıları da unutma! Viski katkılı cevizli turtamıza ve çikolatalı viski pastamıza bayılacaksınız.

Viski ile yemek yapmak ilk başta göz korkutucu görünebilir, ama merak etmeyin - biz sizi koruruz. Bu yemek kitabında, yemek pişirmede Kriko DANİELS'IN'ı kullanma hakkında bilmeniz gereken her şeyi anlatacağız. Yemeklerinize viskiyi nasıl uygun şekilde ekleyeceğinizi ve mükemmel tat için tatları nasıl dengeleyeceğinizi öğreneceksiniz.

KAHVALTI

1. Kriko DANİELS'IN Tavuk ve Gofretler

İÇİNDEKİLER
GOFRETLER
- 2 yumurta
- 2 bardak un
- 1 su bardağı kriko DANİELS'IN
- 3/4 su bardağı süt
- 1/2 su bardağı bitkisel yağ
- 1 yemek kaşığı kabartma tozu
- 1 tutam tuz

TAVUK
- 2 pound tavuk pirzolası
- 1 su bardağı kriko DANİELS'IN
- 2 yemek kaşığı acı sos
- tuz ve biber
- 1 su bardağı un
- kızartmalık yağ

TALİMATLAR
a) Tavuğu Kriko DANİELS'IN, acı sos, tuz ve karabiberle karıştırın.
b) En az bir saat veya 8 saate kadar soğutun.
c) Tüm waffle malzemelerini karıştırın ve birleştirmek için karıştırın.
d) Paket talimatlarına göre waffle makinenizde waffle yapın.
e) Kızartma yağını bir fritözde veya ağır hollandalı fırında 375'e ısıtın.
f) Tavuğu turşudan süzün ve kaplamak için unu atın. Tuz ve karabiber serpin.
g) Tavuğu güzelce kızarana ve pişene kadar yaklaşık 15 dakika gruplar halinde kızartın.
h) Servis yapmak için her tabağa birkaç waffle ve tavuk parçaları koyun.

2. Kriko DANİELS'IN Şeftali Fransız Tostu

Üretir: 12 Adet

İÇİNDEKİLER
FRANSIZ USULÜ TOST:
- 1 somun Fransız Ekmeği
- 7 Yumurta
- 1 1/2 Bardak Süt
- 1/3 Bardak Şeker
- 1 çay kaşığı vanilya
- 1 çay kaşığı Tarçın

ŞEFTALİ TUTMA:
- 6 Şeftali çekirdekleri çıkarılmış ve dilimlenmiş
- 1 yemek kaşığı Şeker
- 1 çay kaşığı Tarçın

SOS TEPSİ:
- 1/3 Su Bardağı Eritilmiş Tereyağı
- 1/2 Su Bardağı Esmer Şeker
- 1/3 Bardak Şeker
- 1 çay kaşığı vanilya
- 1 çay kaşığı Tarçın
- 1/2 Fincan Kriko DANİELS'IN

TALİMATLAR

a) Fransız ekmeğini yaklaşık 1/2-3/4 inçlik dilimler halinde dilimleyin.
b) Dilimleri yağlanmış 9 X 13 inç cam fırın tepsisinin tabanına yerleştirin.
c) Yumurta, süt, vanilya ve tarçını birlikte çırpın.
d) Yumurta karışımını ekmeğin üzerine eşit şekilde dökün.
e) Şeftalileri karıştırma kabına koyun ve üzerini şeker ve tarçınla kaplayın.
f) Fransız ekmeğinin üzerine şeftalileri dizin.
g) Gece boyunca 8 saat örtün ve soğutun.
h) Sabah, fırını 350 dereceye ısıtın.
i) Fransız tostunu fırına koyun ve ekmek kızarmaya başlayana kadar yaklaşık 35 dakika pişirin.
j) Fransız tostu pişerken sosu hazırlayın.
k) Küçük bir tencerede 1/3 C. tereyağını eritin.
l) Kahverengi ve beyaz şeker, Kriko DANİELS'IN, vanilya ve tarçınla karıştırın.
m) Servis yapmadan önce Fransız tostunun üzerine ılık sos dökün.

3. Viski Krepleri

Porsiyon: 10

İÇİNDEKİLER

- 2 bardak un
- 2 çay kaşığı kabartma tozu
- ½ çay kaşığı kabartma tozu
- ½ yemek kaşığı tuz
- 2 yemek kaşığı şeker
- 2 yemek kaşığı esmer şeker
- 2 su bardağı bitki bazlı süt*
- 2 çay kaşığı elma sirkesi
- 2 yemek kaşığı öğütülmüş keten tohumu
- 2 yemek kaşığı mısır nişastası
- ¼ bardak su
- 1 yemek kaşığı bitkisel yağ
- ½ fincan viski
- 2 ila 3 çay kaşığı hindistancevizi yağı

TALİMATLAR

a) Bir karıştırma kabında un, kabartma tozu, kabartma tozu, tuz ve şekerleri birleştirin. Birleştirmek için karıştırın. Kenara koyun.

b) Ayrı bir kapta bitki bazlı süt, elma sirkesi, öğütülmüş keten tohumu, mısır nişastası, su ve bitkisel yağı birleştirin. Birleştirmek için karıştırın.

c) Bitki bazlı süt karışımını yavaş yavaş un karışımına ekleyin ve sadece birleştirilene kadar karıştırın. Hamurda birkaç topak varsa sorun değil. Viski ekleyin ve birleştirmek için karıştırın.

d) Büyük bir tavayı orta ila orta-yüksek ateşte ısıtın. Biraz hindistancevizi yağı ekleyin (yarım çay kaşığı gibi veya tavada bekletin). Eridikçe tavayı kapladığından emin olun. Isıtılmış tavaya her seferinde yaklaşık çeyrek bardak hamur dökün. Krep baloncukları çıkana ve kenarları kalkana kadar bir tarafta pişirin. Bu, krepleri çevirmek için bir işaret. Krepleri çevirmek için bir spatula kullanın.

e) Diğer tarafta altın kahverengi olana kadar pişirin. Tüm pankekler bitene kadar kalan hamurla devam edin.

f) Vegan tereyağı ve akçaağaç şurubu ile servis yapın.

4. Viski Sırlı Kahvaltılık Jambon

İÇİNDEKİLER

1 küçük jambon
1/2 su bardağı esmer şeker
1/4 su bardağı bal
1/4 su bardağı Kriko Daniel's viski
2 yemek kaşığı Dijon hardalı
1/2 çay kaşığı öğütülmüş tarçın

TALİMATLAR

Fırını 350°F'ye (175°C) önceden ısıtın.
Bir karıştırma kabında esmer şeker, bal, Kriko Daniel's viski, Dijon hardalı ve öğütülmüş tarçını çırpın.
Jambonu bir fırın tepsisine koyun ve jambonun üzerine viski sosu sürün.
Fırında 30-40 dakika veya jambon iyice ısınana ve sır karamelleşene kadar pişirin.
Dilimlemeden ve servis yapmadan önce jambonu birkaç dakika dinlendirin.

5. Viski Fransız Tostu

İÇİNDEKİLER

6 dilim ekmek
3 yumurta
1/2 su bardağı süt
1/4 su bardağı Kriko Daniel's viski
2 yemek kaşığı esmer şeker
1 çay kaşığı öğütülmüş tarçın
yemek pişirmek için tereyağı

TALİMATLAR

Bir karıştırma kabında yumurtaları, sütü, Kriko Daniel's viskiyi, esmer şekeri ve öğütülmüş tarçını çırpın.
Her bir dilim ekmeği yumurta karışımına batırın ve her iki tarafını kaplayın.
Orta-yüksek ateşte bir tavada bir parça tereyağını eritin.
Ekmek dilimlerini tavada her bir tarafını 2-3 dakika veya altın rengi kahverengi olana kadar pişirin.
Akçaağaç şurubu veya taze meyveler gibi en sevdiğiniz malzemelerle sıcak servis yapın.

6. viski domuz pastırması

İÇİNDEKİLER

8 dilim pastırma
1/4 su bardağı Kriko Daniel's viski
2 yemek kaşığı esmer şeker

TALİMATLAR

Fırını 200°C'ye (400°F) önceden ısıtın.
Bir karıştırma kabında Kriko Daniel's viski ve esmer şekeri çırpın.
Her bir pastırma dilimini her iki tarafı da kaplayacak şekilde viski karışımına batırın.
Pastırma dilimlerini parşömen kağıdı ile kaplı bir fırın tepsisine yerleştirin.
Fırında 15-20 dakika veya pastırma çıtır çıtır ve karamelleşene kadar pişirin.
Garnitür olarak veya kahvaltı sandviçinin bir parçası olarak sıcak servis yapın.

7. Viski Tarçınlı Rulolar

İÇİNDEKİLER

1 kutu soğutulmuş tarçınlı rulo
1/4 su bardağı Kriko Daniel's viski
2 yemek kaşığı esmer şeker

TALİMATLAR

Fırını 375°F'ye (190°C) önceden ısıtın.
Tarçınlı ruloları açın ve parşömen kağıdıyla kaplı bir fırın tepsisine yerleştirin.
Bir karıştırma kabında Kriko Daniel's viski ve esmer şekeri çırpın.
Viski karışımını tarçınlı ruloların üzerine fırçalayın.
Fırında 15-20 dakika veya tarçınlı rulolar altın rengi kahverengi olana ve tamamen pişene kadar pişirin.
Birlikte verilen buzlanma ile sıcak servis yapın veya kendi viski sırınızla gezdirin.

8. Viski Şeftali Krep

İÇİNDEKİLER

1 fincan çok amaçlı un
2 yemek kaşığı şeker
2 çay kaşığı kabartma tozu
1/4 çay kaşığı tuz
1 yumurta
1 su bardağı süt
1/4 su bardağı Kriko Daniel's viski
1/2 su bardağı doğranmış şeftali

TALİMATLAR

Bir karıştırma kabında un, şeker, kabartma tozu ve tuzu birlikte çırpın.
Başka bir karıştırma kabında yumurta, süt, Kriko Daniel's viski ve doğranmış şeftalileri çırpın.
Islak malzemeleri kuru malzemelere dökün ve sadece birleştirilene kadar karıştırın.
Bir tavayı orta-yüksek ateşte ısıtın ve bir parça tereyağını eritin.
5. Her pankek için tavaya 1/4 fincan hamur dökün.
Krepleri her iki tarafta 2-3 dakika veya altın rengi kahverengi olana ve tamamen pişene kadar pişirin.
Çırpılmış krema ve ek doğranmış şeftali gibi en sevdiğiniz soslarla sıcak servis yapın.

9. Viski Muzlu Ekmek

İÇİNDEKİLER

2 olgun muz, ezilmiş
1/2 su bardağı şeker
1/4 su bardağı bitkisel yağ
1/4 su bardağı Kriko Daniel's viski
1 yumurta
1 çay kaşığı vanilya özü
1 çay kaşığı kabartma tozu
1/4 çay kaşığı tuz
1 1/2 su bardağı çok amaçlı un

TALİMATLAR

Fırını 350°F'ye (175°C) önceden ısıtın.
Bir karıştırma kabında ezilmiş muzları, şekeri, bitkisel yağı, Kriko Daniel's viskiyi, yumurtayı ve vanilya özünü çırpın.
Başka bir karıştırma kabında, kabartma tozu, tuz ve çok amaçlı unu birlikte çırpın.
Islak malzemeleri kuru malzemelere dökün ve sadece birleştirilene kadar karıştırın.
Hamuru yağlanmış bir fırın tepsisine dökün.
Fırında 50-60 dakika veya ortasına batırdığınız kürdan temiz çıkana kadar pişirin.
Dilimlemeden ve servis yapmadan önce ekmeği birkaç dakika soğumaya bırakın.

10. Viski Sırlı Pastırma ve Yumurtalı Sandviç

İÇİNDEKİLER

4 dilim pastırma
2 yumurta
2 İngiliz çöreği, bölünmüş ve kızartılmış
1/4 su bardağı Kriko Daniel's viski
2 yemek kaşığı esmer şeker
Tatmak için biber ve tuz

TALİMATLAR

Orta-yüksek ateşte bir tavada pastırmayı çıtır çıtır olana kadar pişirin.
Orta-yüksek ateşte başka bir tavada yumurtaları beğeninize göre pişirin.
Bir karıştırma kabında Kriko Daniel's viski ve esmer şekeri çırpın.
Her bir pastırma dilimini her iki tarafı da kaplayacak şekilde viski karışımına batırın.
Sandviçleri, kızarmış İngiliz çöreği yarısının üzerine bir dilim viski sırlı domuz pastırması ve pişmiş bir yumurta koyarak birleştirin.
Tatmak için tuz ve karabiber ekleyin.
Sıcak servis yapın.

11. <u>Viski Muzlu Krep</u>

İÇİNDEKİLER

1 olgun muz, ezilmiş
1/2 su bardağı çok amaçlı un
1/2 çay kaşığı kabartma tozu
1/4 çay kaşığı tuz
1 yumurta
1/4 su bardağı süt
1/4 su bardağı Kriko Daniel's viski
yemek pişirmek için tereyağı

TALİMATLAR

Bir karıştırma kabında, ezilmiş muzu, çok amaçlı unu, kabartma tozunu ve tuzu birlikte çırpın.
Başka bir karıştırma kabında yumurta, süt ve Kriko Daniel's viskiyi çırpın.
Islak malzemeleri kuru malzemelere dökün ve sadece birleştirilene kadar karıştırın.
Bir tavayı orta-yüksek ateşte ısıtın ve bir parça tereyağını eritin.
Her pankek için tavaya 1/4 fincan meyilli dökün.
6. Krepleri her bir yüzünü 2-3 dakika veya altın rengi kahverengi olana ve tamamen pişene kadar pişirin.

Dilimlenmiş muz ve akçaağaç şurubu gibi en sevdiğiniz malzemelerle sıcak servis yapın.

12. Kriko Daniel'in Baharatlı Yumurtaları

İÇİNDEKİLER

6 haşlanmış yumurta, soyulmuş
1/4 su bardağı mayonez
1 yemek kaşığı Kriko Daniel's viski
1/4 çay kaşığı kırmızı biber
Tatmak için biber ve tuz

TALİMATLAR

Yumurtaları uzunlamasına ikiye kesin ve sarılarını çıkarın.
Bir kapta sarıları çatalla ezin.
Kaseye mayonez, viski, kırmızı biber, tuz ve karabiber ekleyin ve pürüzsüz olana kadar karıştırın.
Karışımı yumurta aklarına kaşıkla dökün.
Servis yapmadan önce en az 30 dakika buzdolabında soğutun.

ATIŞTIRMALAR

13. Kayalık Yol Şekerleme Barları

Yapar: 10 adet

İÇİNDEKİLER
- 3 yumurta
- 1 su bardağı tam yağlı süt
- 1/2 su bardağı Kriko DANİELS'IN
- 10 Dilim kalın kesilmiş ekmek
- 1/2 çay kaşığı tarçın
- 1/2 çay kaşığı hindistan cevizi
- 1 çay kaşığı vanilya
- 2 yemek kaşığı tereyağı

TALİMATLAR
a) Yumurtaları, sütü, Kriko DANİELS'IN'ı, vanilyayı ve hindistan cevizini düz bir güveç tabağında birleştirin.
b) Orta yüksekte kızartma tavasında tereyağını eritin.
c) Ekmeğin her iki tarafını süt karışımına batırın ve ekmeğin sütü emmesini sağlayın ve Kriko DANİELS'IN.
d) Ekmeği ısıtılmış kızartma tavasına koyun ve her iki tarafını da kızartın.
e) Tereyağı, akçaağaç şurubu ve/veya toz şeker gibi en sevdiğiniz malzemeyi ekleyin

14. kriko DANİELS'IN kekleri

Yapar: 16

İÇİNDEKİLER
- ½ çubuk tuzsuz tereyağı eritilmiş
- ¾ su bardağı toz şeker
- ⅓ fincan Kriko DANİELS'IN
- 2 çay kaşığı vanilya özü
- 1 yemek kaşığı + 1½ çay kaşığı granül hazır kahve
- 2 büyük yumurta
- ½ fincan artı ⅓ fincan kakao tozu
- ½ bardak çok amaçlı un
- ½ çay kaşığı öğütülmüş tarçın
- ½ su bardağı yarı tatlı çikolata parçaları

HİZMET İÇİN İSTEĞE BAĞLI:
- 1 çay kaşığı kakao tozu
- 2 yemek kaşığı yarı tatlı çikolata parçaları

TALİMATLAR

a) Fırını 350*F'ye önceden ısıtın ve 8x8'lik bir fırın tepsisini parşömen kağıdıyla kaplayın ve bir kenara koyun.

b) Orta boy bir kapta tereyağı, şeker, Kriko DANİELS'IN, vanilya özü ve hazır kahveyi kahve eriyene kadar çırpın.

c) Birer birer, birleştirilene kadar her yumurtayı çırpın.

d) Islak malzemelerle dolu kasenin üzerine bir elek yerleştirin ve kakao tozu, un ve tarçını eleyin. Elekte kalan topakları atın. Kuru malzemeleri ıslak olarak karıştırın.

e) ½ fincan çikolata parçalarını katlayın, meyilli kalın olacaktır.

f) Hamuru hazırlanan fırın tepsisine eşit şekilde yayın.

g) Kekler sertleşene kadar 20-23 dakika pişirin.

h) Soğumasını bekleyin ve ardından parşömen astarını kullanarak kekleri tavadan kaldırın.

i) 16 kareye kesin.

j) Kullanıyorsanız, soğutulmuş ve kesilmiş keklerin üzerine 1 çay kaşığı kakao tozunu hafifçe serpin.

k) Ardından eritilmiş çikolatayı gezdirin: kalan 2 yemek kaşığı çikolata parçasını mikrodalgaya uygun bir kaseye 1 dakika koyun, çikolata parçaları tamamen eriyene kadar karıştırın ve bir çatal veya kaşık kullanarak kesilmiş keklerin üzerine gezdirin.

l) Hemen servis yapın veya 3-5 gün oda sıcaklığında saklayın.

15. Çikolata-Yığın-Kriko DANİELS'IN-Kurabiye

Yapar: 30 kurabiye

İÇİNDEKİLER
- 16 ons çok amaçlı un
- 1 çay kaşığı kabartma tozu
- 1 1/2 çay kaşığı koşer tuzu
- 2 çay kaşığı öğütülmüş tarçın
- 11 ons tuzsuz tereyağı, oda sıcaklığı
- 12 ons toz şeker
- 2 çay kaşığı saf vanilya özü
- 2 büyük yumurta
- 1/2 su bardağı + 2 yemek kaşığı Kriko DANİELS'IN
- 6 ons bittersweet çikolata, iri kıyılmış

TALİMATLAR
a) Parşömen kağıdı ile 2 fırın tepsisini sıralayın ve fırını 350 derece F'ye ısıtın.

b) Un, kabartma tozu, tuz ve tarçını birlikte eleyin.

c) Kürek ataşmanlı bir stand mikserinde, tereyağı ve şekeri hafif ve kabarık olana kadar yüksek hızda krema haline getirin.

d) Vanilyayı ekleyin, ardından hızı düşük seviyeye getirin. Yumurtaları birer birer ekleyin, ardından Kriko DANİELS'IN'ı ekleyin.

e) Ardından unlu karışımı yavaş yavaş ekleyin. En son bitter çikolatayı ekleyin ve sadece karışana kadar karıştırın.

f) Kurabiyeleri hazırlanan fırın tepsilerine paylaştırmak için 2 yemek kaşığı kepçe kullanın.

g) 15 dakika soğutun, ardından 10-13 dakika veya biraz az pişmiş görünene kadar pişirin.

h) 5 dakika soğumaya bırakın, ardından soğutmayı bitirmek için bir tel rafa aktarın.

16. Kriko DANİELS'IN Marine Karides

Yapar: 4

İÇİNDEKİLER
- 1 kiloluk ham jumbo karides, kabuklu ve kabuğu çıkarılmış
- 8 tahta şiş
- ¼ bardak rom kreması
- 2 yemek kaşığı tavuk baharatı
- pişirme spreyi

TALİMATLAR
a) Karidesleri tahta şişlere geçirin. Bir kaba koyun ve rom kremasıyla kaplayın. Buzdolabında 3 ila 4 saat marine edelim.

b) Açık hava ızgarasını yüksek ısı için önceden ısıtın ve ızgarayı hafifçe yağlayın.

c) Rom kremasını dökün. Karideslerin üzerine tavuk baharatını serpin. Pişirme spreyi ile püskürtün.

d) Karides pembeleşinceye kadar her bir tarafta yaklaşık 3 dakika ızgara yapın.

17. Kabak Kriko DANİELS'IN Muffin

Yapar: 1 Porsiyon

İÇİNDEKİLER
- ¼ su bardağı kaju unu veya badem unu
- 1 yemek kaşığı hindistan cevizi unu
- ¼ çay kaşığı kabartma tozu
- ¼ çay kaşığı balkabağı turtası baharatı
- tutam koşer tuzu
- 1 yumurta
- 2 yemek kaşığı kabak püresi
- 2 yemek kaşığı Kriko DANİELS'IN

TALİMATLAR
a) Un, kabartma tozu, baharatlar ve tuzu bir kapta birleştirin.
b) Yumurtayı, balkabağı ve Kriko DANİELS'IN'ı ekleyin ve iyice birleşene kadar karıştırın.
c) Bir ramekini pişirme spreyi ile yağlayın.
d) Hamuru ramekine aktarın, üstünü düzleştirin ve kabarana ve ortası sabitlenene kadar yaklaşık 2 dakika mikrodalgada pişirin.
e) Tavadan çıkarın, ikiye bölün ve kızartın.

18. Kriko Daniel's Barbekü Patlamış Mısır

İÇİNDEKİLER
1/4 su bardağı patlamış mısır taneleri
2 yemek kaşığı bitkisel yağ
2 yemek kaşığı tuzsuz tereyağı
1/4 su bardağı Kriko Daniel's Tennessee Viski
1/4 su bardağı esmer şeker
1/2 çay kaşığı tuz

TALİMATLARYağı büyük bir tencerede orta-yüksek ateşte ısıtın. Patlamış mısır tanelerini ekleyin ve bir kapakla kapatın. Patlama yavaşladığında, ocaktan alın ve bir dakika bekletin. Bu arada ayrı bir tencerede orta ateşte tereyağını eritin. Kriko Daniel's, kahverengi şeker ve tuzu ekleyin ve şeker eriyene kadar karıştırın. Karışımı patlamış mısırın üzerine dökün ve kaplanana kadar karıştırın.

19. Kriko Daniel's Ballı Hardal Sosu

İÇİNDEKİLER

1/4 su bardağı Kriko Daniel's Tennessee Balı
1/4 su bardağı dijon hardalı
2 yemek kaşığı bal
2 yemek kaşığı mayonez

TALİMATLAR Tüm malzemeleri bir kapta birleştirin ve pürüzsüz olana kadar karıştırın. Tuzlu kraker, tavuk bonfile veya en sevdiğiniz atıştırmalıkla servis yapın.

20. Viski çikolatalı yer mantarı

Verim 12

İçindekiler
- 6 oz bitter çikolata (%70 kakao kuru maddesi)
- 1/3 su bardağı ağır krema
- ¼ tuzsuz tereyağı
- 1 yemek kaşığı Kriko Daniel's viski

Talimatlar
a) Kremayı küçük bir tencereye alın ve kaynama noktasına getirin.
b) Ateşten alın ve karışım pürüzsüz ve kremsi hale gelinceye kadar karıştırarak çikolatayı ekleyin. Tereyağını ilave edin ve birleşene kadar karıştırın.
c) Son olarak viskiyi ekleyin ve karıştırın.
d) Plastik sargıyla örtün ve 6 saat veya gece boyunca soğutun.
e) Kakao tozunu bir tabağa yayın.
f) Karışımdan 1 tatlı kaşığı alıp yuvarlayın.
g) Daha sonra kaplamak için topu kakao tozu içinde yuvarlayın.
h) Bir saat veya tamamen sertleşene kadar soğutun.

21. Kriko Daniel'in Sırlı Fındık

İÇİNDEKİLER

2 su bardağı karışık kuruyemiş (badem, kaju fıstığı ve ceviz gibi)
1/4 su bardağı Kriko Daniel's Tennessee Balı
1/4 su bardağı bal
1/2 çay kaşığı tuz
1/4 çay kaşığı acı biber

TALİMATLAR Fırını 350 ° F'ye ısıtın. Büyük bir kapta fındık, Kriko Daniel's, bal, tuz ve acı biberi birleştirin. Karışımı bir fırın tepsisine yayın ve ara sıra karıştırarak 10-12 dakika pişirin. Soğumaya bırakın ve servis yapın.

22. Kriko Daniel's Kaşar Bisküvileri

İÇİNDEKİLER

2 fincan çok amaçlı un
2 çay kaşığı kabartma tozu
1/2 çay kaşığı tuz
1/4 çay kaşığı acı biber
1/2 bardak tuzsuz tereyağı, soğuk ve küp şeklinde
1 su bardağı rendelenmiş çedar peyniri
1/2 su bardağı süt
2 yemek kaşığı Kriko Daniel's Tennessee Viski

TALİMATLAR

Fırını 425 ° F'ye ısıtın. Büyük bir kapta un, kabartma tozu, tuz ve acı biberi birlikte çırpın. Bir pasta kesici veya parmaklarınızı kullanarak, karışım kaba kırıntılara benzeyene kadar tereyağını kesin. Çedar peynirini karıştırın. Ayrı bir kapta süt ve Kriko Daniel's'ı çırpın. Islak malzemeleri kuru malzemelere ekleyin ve sadece birleştirilene kadar karıştırın. Yağlı kağıt serilmiş fırın tepsisine kaşıkla hamurdan dökün. 12-15 dakika veya altın rengi kahverengi olana kadar pişirin.

23. Viski Pastırma Sarılı Tarihler

İÇİNDEKİLER:

16 Medjool hurması
8 dilim domuz pastırması, ikiye bölünmüş
1/4 su bardağı viski
1 yemek kaşığı akçaağaç şurubu

TALİMATLAR:
Fırını 375°F'ye (190°C) önceden ısıtın.
Hurmaların içini küçük bir yarık ile delin ve çukuru çıkarın.
Küçük bir kasede viski ve akçaağaç şurubunu çırpın.
Her hurmayı yarım dilim domuz pastırması ile sarın ve bir kürdan ile sabitleyin.
Pastırmaya sarılmış tarihleri parşömen kağıdı ile kaplı bir fırın tepsisine yerleştirin.
Hurmaların üzerine viski-akçaağaç sır sürün.
Pastırma çıtır çıtır olana ve hurma karamelleşene kadar 15-20 dakika pişirin.

24. viski peynir sosu

İÇİNDEKİLER:

8 ons krem peynir, yumuşatılmış
1/2 su bardağı rendelenmiş çedar peyniri
2 yemek kaşığı viski
2 yemek kaşığı ince kıyılmış yeşil soğan
Tatmak için biber ve tuz

TALİMATLAR:
Bir karıştırma kabında krem peyniri pürüzsüz olana kadar çırpın.
Rendelenmiş çedar peyniri, viski ve yeşil soğanı ilave edin.
Tatmak için tuz ve karabiber ekleyin.
Viski peynirli sosu kraker, simit veya sebzelerle servis edin.

25. Viski Karamelli Patlamış Mısır

İÇİNDEKİLER:

8 su bardağı patlamış mısır
1/2 su bardağı tuzsuz tereyağı
1/2 su bardağı esmer şeker
1/4 su bardağı mısır şurubu
1/4 su bardağı viski
1/2 çay kaşığı kabartma tozu
tatmak için tuz

TALİMATLAR:
Fırını 250°F'ye (120°C) önceden ısıtın.
Patlamış mısırı büyük bir karıştırma kabına koyun.
Orta boy bir tencerede, orta ateşte tereyağını eritin.
Kahverengi şeker, mısır şurubu ve viski ile karıştırın.
Karışımı ara sıra karıştırarak kaynayana kadar pişirin.
Ateşten alın ve kabartma tozu ve tuzu karıştırın.
Karamel karışımını patlamış mısırın üzerine dökün ve eşit şekilde kaplamak için fırlatın.
8. Patlamış mısırı parşömen kağıdıyla kaplı bir fırın tepsisine yayın.
9. Patlamış mısır çıtır çıtır olana ve karamel sertleşene kadar her 15 dakikada bir karıştırarak 45 dakika pişirin.
10. Servis yapmadan önce soğumaya bırakın.

26. Viski Hardal Simitleri

İÇİNDEKİLER:

2 su bardağı simit
1/4 su bardağı viski
2 yemek kaşığı tam tahıllı hardal
2 yemek kaşığı bal
2 yemek kaşığı tereyağı
1/4 çay kaşığı sarımsak tozu

TALİMATLAR:

Fırınınızı 350°F'ye (180°C) önceden ısıtın.
Küçük bir tencerede viski, hardal, bal, tereyağı ve sarımsak tozunu orta ateşte eriyene kadar ısıtın.
Simitleri bir karıştırma kabına alın ve üzerlerine viski karışımını dökün. Krakerler iyice kaplanana kadar karıştırın.
Kaplanmış simitleri bir fırın tepsisine yayın ve 10-12 dakika veya çıtır çıtır olana kadar pişirin.
Servis yapmadan önce soğumaya bırakın.

27. Viski Sosis Ruloları

İÇİNDEKİLER:

1 kilo kahvaltılık sosis
1/4 su bardağı viski
1/4 su bardağı galeta unu
1/4 su bardağı kıyılmış maydanoz
1 çay kaşığı sarımsak tozu
Tatmak için biber ve tuz
1 yaprak puf böreği, çözülmüş

TALİMATLAR:

Fırınınızı 200°C'ye (400°F) önceden ısıtın.
Bir karıştırma kabında kahvaltılık sosis, viski, galeta unu, maydanoz, sarımsak tozu, tuz ve karabiberi karıştırın.
Milföy hamurunu unlu zeminde merdane ile açın ve 8 eşit dikdörtgene kesin.
Sosis karışımını 8 parçaya bölün ve her birini sosis şekline getirin.
Her sosisi puf böreği dikdörtgeni üzerine yerleştirin ve kenarlarını kapatarak rulo yapın.
Sosis rulolarını bir fırın tepsisine yerleştirin ve 20-25 dakika veya altın rengi kahverengi olana ve tamamen pişene kadar pişirin.
Sıcak servis yapın.

ŞEBEKE

28. Kriko DANİELS'IN Sığır Sarsıntısı

İÇİNDEKİLER

2 kiloluk göğüs biftek
- ½ su bardağı soya sosu
- ½ fincan Kriko DANİELS'IN
- ¼ su bardağı esmer şeker
- 1 yemek kaşığı sıvı duman
- ½ bardak su
- 4 diş sarımsak
- 2 yemek kaşığı taze çekilmiş karabiber
- 1 çay kaşığı kırmızı biber
- 1 çay kaşığı beyaz biber
- 1 çay kaşığı soğan tozu

a) Marine malzemelerini bir kasede birleştirin. Eti plastik bir torbaya veya sığ bir tabağa koyun ve üzerine turşuyu dökün.
b) Yaklaşık 2 gün marine edin. Karışımı arada bir karıştırın.
c) Eti fırınınızın en düşük sıcaklığında veya bir gıda kurutucusunda esnek ama sert olana kadar kurutun.

29. Kriko Daniel's Kanat Biftek

İÇİNDEKİLER

-
- 1 1/2 lb göğüs biftek, yaklaşık 1/2 inç kalınlığında
- 1/4 su bardağı Kriko Daniel's
- 1 koy sarımsak, kıyılmış
- 2 yemek kaşığı tereyağı
- 2 çay kaşığı kuru hardal
- tatmak için biber ve tuz

a) Keskin bir bıçakla, göğüs bifteğini yaklaşık 1/8 inç derinliğinde, elmas bir desen oluşturarak çizin.
b) Sarımsak, hardal ve Kriko Daniel's'ı birlikte karıştırın.
c) Biftek ve turşuyu yeniden kapatılabilir bir torbaya koyun ve gece boyunca buzdolabında (veya daha soğukta) bekletin.
d) Biftekleri buzdolabından (veya soğutucudan) çıkarın ve ızgarayı önceden ısıtın.
e) Periyodik olarak tereyağı ile fırçalayarak her bir tarafı yaklaşık 3-5 dakika ızgara yapın.
f) Tahıl boyunca şeritler halinde dilimleyin ve servis yapın.

30. Kriko Daniel's Izgara Mandren Kızartma

4 ila 6 kişilik
İÇİNDEKİLER

- 1/3 c Kriko Daniel's
- 1/2 c esmer şeker
- 1/3 c. soya sosu
- 1/3 su bardağı su
- 1 yemek kaşığı worcestershire sosu
- 1 ton limon suyu
- 1/8 çay kaşığı sarımsak tozu
- 1 adet rosto (2-3 lb)

a) Kriko Daniel's, kahverengi şeker, soya sosu, su, Worcestershire sosu, limon suyu ve sarımsak tozunu birleştirin; iyice karıştırın.
b) Rostoyu plastik bir torbaya koyun; turşusu ekleyin ve kapatın.
c) Bir tabağa koyun; ara sıra çevirerek gece boyunca soğutun veya soğutucuya yerleştirin.
d) Orta boy kömürler üzerinde ızgara yapın (eğer bulabilirseniz suya batırılmış Kriko Daniel's Barrel Chips ile), orta için her bir taraf için yaklaşık 20 ila 25 dakika.
e) Ara sıra turşuyla tatlandırın. Servis etmek için ince dilimler halinde kesin.

31. Baileys ve Kriko Daniel's Soslu Sığır Filetosu Biftekleri

Yapar: 4 porsiyon

İÇİNDEKİLER

- 2 yemek kaşığı sızma zeytinyağı
- 3 yemek kaşığı tereyağı
- 1 soğan, doğranmış
- 16 ons sığır filetosu biftek
- 2 diş sarımsak, 1 tanesi boyuna ikiye kesilmiş ve biri ezilmiş
- 1/4 fincan Kriko Daniel's
- 1 ons Bailey's İrlanda kreması
- 1/2 çay kaşığı Kosher tuzu
- tatmak için öğütülmüş karabiber
- Süslemek için istenirse 2 yemek kaşığı taze maydanoz

TALİMATLAR

a) Zeytinyağını ve tereyağını ağır bir tavada orta ateşte tereyağı eriyene kadar ısıtın.

b) Soğanları tereyağı ve sıvı yağda hafif altın rengi olana kadar yaklaşık 10 dakika pişirin ve karıştırın.

c) Bir spatula ile soğanları bir kenara itin.

d) Bir diş ezilmiş sarımsak ekleyin ve hafifçe pişirin.

e) Biftekleri diğer diş sarımsağın kesik kenarlarıyla ovun.

f) Biftekleri tavaya koyun, soğanları ve sarımsağı bir kenarda bırakın ve orta-yüksek ateşte et kızarana kadar ancak içi yine de hafifçe pembe olana kadar her bir tarafta 2 ila 4 dakika pişirin.

g) Tavayı ısıdan çıkarın.

h) Kriko Daniel's ve Bailey's Irish kremasını sıcak tavaya yavaşça dökün.

i) Kızarmış soğanları Kriko Daniel's ile karıştırın ve orta-düşük ısıda kaynama noktasına getirin.

j) Biftekleri Kosher tuzu, karabiber ve maydanoz serpin,

k) Biftekleri her iki tarafını da kaplayacak şekilde Kriko Daniel's tava sosuna batırın ve üzerine sos gezdirerek servis edin.

l) Sosa batırmak için sarımsaklı ekmek ekleyin.

32. Limon Otu Izgara Domuz Eti

Yapar: 4 Porsiyon

İÇİNDEKİLER
- 1 pound Domuz eti lokma büyüklüğünde parçalar halinde kesilmiş
- 10 yemek kaşığı hurma şekeri
- 10 yemek kaşığı balık sosu
- 10 yemek kaşığı koyu soya sosu
- 10 yemek kaşığı limon otu
- 5 yemek kaşığı Kriko Daniel's
- 5 yemek kaşığı arpacık
- 5 yemek kaşığı sarımsak
- 5 yemek kaşığı Hindistan cevizi sütü
- 3 yemek kaşığı Susam yağı
- 1 yemek kaşığı karabiber

TALİMATLAR
a) Hindistan cevizi sütü hariç salamura malzemelerini bir tencerede veya wok'ta karıştırın, orijinal hacmin yaklaşık yarısına düşene kadar pişirin.

b) Soğumaya bırakın ve Karıştırılana kadar karıştırarak hindistan cevizi sütünü ekleyin.

c) Eti serin bir yerde 1-3 saat salamura yapın, sonra iyice süzün ve şişlere geçirin.

d) Eti pişene kadar mangalda pişirin. Tuzlu suyu kaynayana kadar ısıtın, 1-2 dakika karıştırın (marine etten damlayan kanı pişirmek ve böylece sterilize etmek için) ve et için daldırma sosu olarak servis yapın.

33. İskoç Haggis

İÇİNDEKİLER

- 1 koyun midesi
- 1 koyun kalbi
- 1 koyun ciğeri
- 1 koyun ciğeri
- ¾ bardak yulaf ezmesi
- ½ pound taze dana iç yağı
- 3 soğan, doğranmış
- 1 çay kaşığı tuz
- ⅛ çay kaşığı biber
- bir tutam kırmızı biber
- ¾ bardak stoğu
- 1 su bardağı Kriko Daniel's

TALİMATLAR

a) Mideyi iyice yıkayın, ters çevirin ve kaynar suda haşlayın. Bıçakla kazıyın. Bir gece soğuk tuzlu suda bekletin.
b) Kalbi, ciğerleri ve karaciğeri 1½ saat pişirin. Serin.
c) Yulaf ezmesini fırında kızartın.
d) Kıkırdakları ve boruları kesin ve ciğerleri irice rendeleyin.
e) Kalp ve ciğerleri doğrayın ve tüm malzemeleri birlikte karıştırın.
f) İstenirse daha fazla tuz ve karabiber ekleyin. Mideyi üçte iki oranında doldurun.
g) Yulaf ezmesinin şişmesi için yer olmalıdır.
h) Torbadan hava bastırın ve güvenli bir şekilde dikin.
i) Mideyi birkaç kez iğne ile delin.
j) Kapaksız 3 saat kaynatın.
k) Gerektiği kadar su ekleyin. İplikleri çıkarın ve bir kaşıkla servis yapın.

34. Kriko Daniel's Pastırma Mac 'n' Peynir

Yapar: 10 porsiyon

İÇİNDEKİLER
- 1 çubuk (4 ons) tereyağı
- 2 yemek kaşığı kıyılmış sarımsak
- ½ su bardağı un
- ¼ fincan Kriko Daniel's
- 7 su bardağı tam yağlı süt
- 8 ons Krem peynir
- 1 su bardağı rendelenmiş parmesan
- 3 bardak Meksika karışımı, kıyılmış
- 2 bardak salsa
- ⅛ su bardağı kıyılmış domuz pastırması
- 18 su bardağı pişmemiş penne makarna

TALİMATLAR
a) Bir tencere suyu kaynatın ve penne makarna eriştelerini paketin üzerindeki talimatlara göre pişirin. Genellikle yaklaşık 10 dakika.
b) Bu arada 1 yemek kaşığı tereyağını bir sos tenceresinde kısık ateşte eritin.
c) Sarımsağı ekleyin ve kokusu çıkana kadar soteleyin.
d) Eridikten sonra unu ekleyin ve hafifçe kızarana kadar 2 dakika pişirin. Kriko Daniel's ile cilayı temizleyin.
e) Sütü ekleyin ve koyulaşmaya başlayana kadar sürekli karıştırın.
f) Krem peynir ekleyin ve birleştirmek için karıştırın.
g) Özleşene kadar yavaş yavaş parmesan ekleyin.
h) Pürüzsüz olana kadar yavaş yavaş rendelenmiş Meksika peynirini ekleyin.
i) Peynir sosunun en az bir saat soğumasına izin verin, ardından salsa ekleyin.
j) Makarnanız al dente kıvamına gelince suyunu süzün ve tekrar tencereye alın.
k) Peynir sosunu penne makarnanın üzerine dökün ve birleştirmek için dikkatlice karıştırın.

35. Passion Fruit Soslu Tavuk Göğsü

4 kişilik

İÇİNDEKİLER
- 4 tavuk göğsü
- 4 çarkıfelek meyvesi; ikiye bölünmüş, çekirdeği çıkarılmış ve posası ayrılmış
- 1 yemek kaşığı. Kriko DANİELS'IN
- 2 yıldızlı anason
- 2 oz. akçaağaç şurubu
- 1 demet frenk soğanı; doğranmış • İsteğe göre tuz ve karabiber

TALİMATLAR
1. Çarkıfelek meyvesi posası ile bir tavayı orta ateşte ısıtın, Kriko Daniel's, yıldız anason, akçaağaç şurubu ve frenk soğanı ekleyin; İyice karıştırın, 5-6 dakika pişirin ve ocaktan alın.
2. Tavuğu tuz ve karabiberle baharatlayın, önceden ısıtılmış fritöze koyun ve 360 °F'de 10 dakika pişirin; yarı yolda çeviriyor. Tavuğu tabaklara paylaştırın, sosu biraz ısıtın ve tavuğun üzerine gezdirerek servis yapın.

36. Bourbon barbekü tavuk

Verim: 8 Porsiyon

İçindekiler
- 2 pound kemiksiz derisiz tavuk göğsü
- ½ bardak Doğranmış soğan
- 2 diş sarımsak; kıyılmış
- 1 yemek kaşığı zeytinyağı
- 2 çay kaşığı portakal kabuğu
- ⅓ su bardağı portakal suyu
- 1 yemek kaşığı Şarap sirkesi
- ⅓ fincan Kriko Daniel's
- ½ su bardağı Pekmez
- ½ fincan kediotu
- 1 yemek kaşığı Steak sos
- ¼ çay kaşığı Kuru hardal
- Tuz ve taze çekilmiş karabiber
- Tabasco; tatmak
- 1 çay kaşığı pul biber
- 1 tutam Karanfil

Talimatlar
a) Tavuk hariç tüm malzemeleri güzelce karıştırın. Tavukları 4 saat marine edin.
b) Salamuradan çıkarın ve sık sık tuzlu suyla ıslatarak ızgara yapın.

37. Bal burbonlu ızgara domuz eti

Verim: 9 Porsiyon

İçindekiler
- 3 yağsız (3/4 kiloluk) domuz bonfile
- ½ bardak Doğranmış soğan
- ½ bardak Limon suyu
- ½ fincan Kriko Daniel's
- ¼ bardak Bal
- ¼ fincan Düşük sodyumlu soya sosu
- 1 yemek kaşığı Kıyılmış soyulmuş zencefil
- 2 yemek kaşığı zeytinyağı
- 4 diş sarımsak, kıyılmış
- ½ çay kaşığı Tuz
- ¼ çay kaşığı Biber
- sebze pişirme spreyi
- 3 yemek kaşığı Çok amaçlı un
- 1¼ bardak Su

Talimatlar
a) Domuz yağını kesin. Soğanı ve sonraki 7 Malzemeyi (soğandan sarımsağa kadar) büyük, fermuarlı, ağır hizmet tipi bir plastik torbada karıştırın. Domuz eti ekleyin; poşeti kapatın ve buzdolabında 30 dakika marine edin.
b) Domuz etini torbadan çıkarın, salamurayı yeniden porsiyonlayın. domuz eti üzerine tuz ve karabiber serpin.
c) Domuzu pişirme spreyi ile kaplanmış ızgara rafına yerleştirin.
d) Örtün ve 30 dakika veya et termometresi 160 dereceyi kaydedene kadar pişirin, döndürün ve ara sıra ½ fincan tuzlu su ile domuz eti serpin.
e) Domuzu ¼ inç kalınlığında dilimler halinde kesin; kenara koyun ve sıcak tutun.
f) Küçük bir tencereye unu koyun. Kalan tuzlu suyu ve suyu yavaş yavaş ekleyin ve bir tel çırpıcı ile Karıştırılana kadar karıştırın. Orta ateşte kaynatın ve sürekli karıştırarak koyulaşana kadar 3 dakika veya daha fazla pişirin. Domuz eti üzerine kaşık sosu; Arzuya göre patates püresi ile servis yapın.

38. İskoç et topları

Bileşen

- 1 kilo yağsız kıyma
- 1 Yumurta, hafifçe çırpılmış
- 3 yemek kaşığı Un
- ¼ çay kaşığı Taze çekilmiş karabiber
- 3 yemek kaşığı Kıyılmış soğan
- 3 yemek kaşığı Bitkisel yağ
- ⅓ bardak Tavuk suyu
- 1 8 ons ezilmiş ananas, süzülmüş olabilir
- 1½ yemek kaşığı mısır nişastası
- 3 yemek kaşığı soya sosu
- 3 yemek kaşığı Sade kırmızı şarap sirkesi
- 2 yemek kaşığı Su
- ¼ fincan Kriko Daniel's
- ⅓ bardak Tavuk suyu
- ½ su bardağı doğranmış yeşil biber

TALİMATLAR

a) İlk altı Malzemeyi birleştirin. Yavaşça yaklaşık 1 inç çapında toplar haline getirin.
b) 10 inçlik kızartma tavasında yağda her tarafını kızartın.
c) Bu arada, aşağıdaki İskoç Sosunu yapın.
d) Köfteleri ve yeşil biberi ekleyin. Yaklaşık 10 dakika daha hafifçe pişirin. Pirinçle servis yapın.

39. Bourbon Soslu Pastırma Sarılmış Tavuk

porsiyon 3

İçindekiler
- 3 yarım tavuk göğsü, tereyağlı
- 2 diş sarımsak, ikiye bölünmüş
- Tatmak için deniz tuzu ve öğütülmüş karabiber
- 1 çay kaşığı acı biber
- 1 çay kaşığı kurutulmuş maydanoz gevreği
- 1 çay kaşığı hardal tozu
- 1/4 çay kaşığı öğütülmüş yenibahar
- 6 dilim pastırma
- 1/2 su bardağı barbekü sosu
- 2 yemek kaşığı Kriko Daniel's

Talimatlar
a) Instant Pot'a 1 ½ bardak su ve metal sac ayağı ekleyin.
b) Ardından tavuk göğsünü sarımsakla ovun. Tavuğu baharatlarla serpin.
c) Ardından, her bir tavuk göğsünü 2 domuz pastırması dilimine sarın; kürdan ile sabitleyin. Sarılmış tavuğu metal sac ayağın üzerine indirin.
d) Kapağı sabitleyin. "Kümes" ayarını seçin ve Yüksek basınç altında 15 dakika pişirin. Pişirme tamamlandığında, doğal bir basınç tahliyesi kullanın; kapağı dikkatlice çıkarın.
e) Ardından tavuğu Barbekü Sosu ve Kriko Daniel's ile yağlayın; Fırınınızda 15 dakika pişirin. Afiyet olsun!

40. Kriko Daniel'in Barbekü Kaburgaları

İÇİNDEKİLER

2 raflı bebek sırt kaburgaları
1/2 su bardağı Kriko Daniel's viski
1/2 su bardağı ketçap
1/4 su bardağı esmer şeker
1/4 su bardağı elma sirkesi
1/4 su bardağı Worcestershire sosu
1 yemek kaşığı füme kırmızı biber
1 yemek kaşığı sarımsak tozu
1 çay kaşığı tuz
1 çay kaşığı karabiber

TALİMATLAR

Fırını 275°F'ye (135°C) önceden ısıtın.
Bir kapta Kriko Daniel's viski, ketçap, esmer şeker, elma sirkesi, Worcestershire sosu, füme kırmızı biber, sarımsak tozu, tuz ve karabiberi karıştırın.
Kaburgaları sosla kaplayın ve alüminyum folyoya sıkıca sarın. Sarılı kaburgaları bir fırın tepsisine yerleştirin ve fırında 3-4 saat pişirin.
Kaburgaları fırından çıkarın ve folyoyu atın.
Kaburgaları kalan sosla fırçalayın ve orta-yüksek ateşte her iki tarafta 2-3 dakika veya çıtır çıtır olana kadar ızgara yapın.
Ek sos ile sıcak servis yapın.

41. Kriko Daniel's Rib-Eye Steak

İÇİNDEKİLER

2 10 ons antrikot biftek
1/2 su bardağı Kriko Daniel's viski
1/4 su bardağı soya sosu
1/4 su bardağı esmer şeker
2 diş sarımsak, kıyılmış
1 çay kaşığı karabiber
1/4 su bardağı tereyağı

TALİMATLAR

Bir karıştırma kabında Kriko Daniel's viski, soya sosu, esmer şeker, sarımsak ve karabiberi çırpın.
Biftekleri sığ bir tabağa koyun ve üzerlerine turşuyu dökün.
Yemeğin üzerini kapatın ve en az 1 saat buzdolabında bekletin.
Bir ızgarayı veya ızgara tavasını orta-yüksek ateşte önceden ısıtın.
Biftekleri turşudan çıkarın ve kalan turşuyu atın.
Biftekleri her iki tarafta 3-4 dakika veya istenen pişene kadar ızgara yapın.
Her bifteğin üzerine bir parça tereyağı ekleyin ve servis yapmadan önce erimesini bekleyin.

42. Kriko Daniel's Ballı Hardallı Tavuk

İÇİNDEKİLER

4 kemiksiz, derisiz tavuk göğsü
1/2 su bardağı Kriko Daniel's viski
1/4 su bardağı bal
1/4 su bardağı Dijon hardalı
1/4 su bardağı mayonez
2 diş sarımsak, kıyılmış
1 çay kaşığı füme kırmızı biber
Tatmak için tuz ve karabiber

TALİMATLAR

Bir karıştırma kabında Kriko Daniel's viski, bal, Dijon hardalı, mayonez, sarımsak, füme kırmızı biber, tuz ve karabiberi çırpın.
Tavuk göğüslerini derin olmayan bir tabağa alın ve üzerlerine marine sosunu dökün.
Yemeğin üzerini kapatın ve en az 1 saat buzdolabında bekletin.
Bir ızgarayı veya ızgara tavasını orta-yüksek ateşte önceden ısıtın.
Tavuk göğüslerini marinattan çıkarın ve kalan marineyi atın.
Tavuk göğsünü her iki tarafını 5-6 dakika veya tamamen pişene kadar ızgara yapın.
Ek sos ile sıcak servis yapın.

43. Kriko Daniel's Sırlı Somon

İÇİNDEKİLER

4 somon fileto
1/2 su bardağı Kriko Daniel's viski
1/4 su bardağı esmer şeker
1/4 su bardağı soya sosu
2 diş sarımsak, kıyılmış
1 çay kaşığı zencefil, rendelenmiş
Tatmak için tuz ve karabiber
Sebze yağı

TALİMATLAR

1. Bir karıştırma kabında Kriko Daniel's viski, kahverengi şeker, soya sosu, sarımsak, zencefil, tuz ve karabiberi çırpın.
2. Somon filetoları sığ bir tabağa koyun ve üzerlerine turşuyu dökün.

Çanağı örtün ve en az 30 dakika soğutun.
Bir ızgarayı veya ızgara tavasını orta-yüksek ateşte önceden ısıtın.
omon filetolarını marinattan çıkarın ve kalan marineyi atın.
Somon filetolarını bitkisel yağla fırçalayın.
Somon filetoların her iki yüzünü 3-4 dakika veya tamamen pişene kadar ızgara yapın.
Ek sos ile sıcak servis yapın.

44. Kriko Daniel'in Çekti Domuz Eti

İÇİNDEKİLER

3 pound domuz omzu
1/2 su bardağı Kriko Daniel's viski
1/4 su bardağı esmer şeker
1/4 su bardağı ketçap
1/4 su bardağı elma sirkesi
1/4 su bardağı Worcestershire sosu
2 yemek kaşığı füme kırmızı biber
2 yemek kaşığı sarımsak tozu
1 yemek kaşığı tuz
1 yemek kaşığı karabiber

TALİMATLAR

Fırını 275°F'ye (135°C) önceden ısıtın.
Bir karıştırma kabında Kriko Daniel's viski, kahverengi şeker, ketçap, elma sirkesi, Worcestershire sosu, füme kırmızı biber, sarımsak tozu, tuz ve karabiberi çırpın.
Domuz omzunu bir kızartma tavasına koyun ve üzerine turşuyu dökün.
Tavayı folyo ile örtün ve fırında 5-6 saat veya domuz eti yumuşayana kadar pişirin.
Domuzu fırından çıkarın ve birkaç dakika soğumaya bırakın.
İki çatal kullanarak domuz etini küçük parçalara ayırın.
Ek sos ile sıcak servis yapın.

45. Kriko Daniel's Pastırma Sarılı Karides

İÇİNDEKİLER

16 büyük karides, soyulmuş ve kabuğu çıkarılmış
8 dilim domuz pastırması, ikiye bölünmüş
1/4 su bardağı Kriko Daniel's viski
1/4 su bardağı esmer şeker
2 yemek kaşığı soya sosu
2 yemek kaşığı Dijon hardalı
2 diş sarımsak, kıyılmış
Tatmak için tuz ve karabiber

TALİMATLAR

Bir karıştırma kabında Kriko Daniel's viski, esmer şeker, soya sosu, Dijon hardalı, sarımsak, tuz ve karabiberi çırpın.
Karidesleri sığ bir tabağa koyun ve üzerlerine turşuyu dökün.
Çanağı örtün ve en az 30 dakika soğutun.
Fırını 200°C'ye (400°F) önceden ısıtın.
Karidesleri marineden çıkarın ve kalan turşuyu atın.
Her karidesi yarım dilim domuz pastırması ile sarın ve bir kürdan ile sabitleyin.
Karidesleri bir fırın tepsisine koyun ve fırında 10-12 dakika veya domuz pastırması çıtır çıtır olana ve karides tamamen pişene kadar pişirin.
Sıcak servis yapın.

46. Kriko Daniel's Acı Biber

İÇİNDEKİLER

1 pound kıyma
1/2 su bardağı Kriko Daniel's viski
1 kutu doğranmış domates
1 kutu barbunya fasulyesi, süzülmüş ve durulanmış
1 kutu siyah fasulye, süzülmüş ve durulanmış
1 konserve mısır, süzülmüş
1 soğan, doğranmış
2 diş sarımsak, kıyılmış
2 yemek kaşığı toz biber
1 çay kaşığı kimyon
1 çay kaşığı kırmızı biber
Tatmak için tuz ve karabiber
Servis için rendelenmiş kaşar peyniri ve ekşi krema

TALİMATLAR

Büyük bir tencerede, kıymayı orta-yüksek ateşte kızartın.
Soğan ve sarımsağı ekleyin
Kriko Daniel's viskisini ekleyin ve sürekli karıştırarak 1-2 dakika pişirin.
Doğranmış domatesleri, barbunyayı, siyah fasulyeyi, mısırı, pul biberi, kimyonu, kırmızı biberi, tuzu ve karabiberi ekleyin.
İyice karıştırın ve biberi kaynamaya getirin.
Isıyı düşük seviyeye indirin ve ara sıra karıştırarak biberin 30-45 dakika kaynamasına izin verin.
Rendelenmiş kaşar peyniri ve ekşi krema ile sıcak servis yapın.

47. Kriko Daniel'in Tavuk Kanatları

İÇİNDEKİLER

2 pound tavuk kanadı, davullara ve yassılara ayrılmış
1/2 su bardağı Kriko Daniel's viski
1/4 su bardağı esmer şeker
1/4 su bardağı soya sosu
1/4 su bardağı bal
2 diş sarımsak, kıyılmış
Tatmak için tuz ve karabiber

TALİMATLAR

Bir karıştırma kabında Kriko Daniel'in viskisi, esmer şeker, soya sosu, bal, sarımsak, tuz ve karabiberi çırpın.
Tavuk kanatlarını sığ bir kaba koyun ve turşuyu üzerlerine dökün.
Çanağı örtün ve en az 30 dakika soğutun.
Fırını önceden 400 ° F'ye (200 ° C) ısıtın.
Tavuk kanatlarını turşudan çıkarın ve kalan turşuyu atın.
Tavuk kanatlarını bir fırın tepsisine yerleştirin ve fırında 25-30 dakika veya gevrekleşip pişene kadar pişirin.
En sevdiğiniz daldırma sosuyla sıcak servis yapın.

48. Kriko Daniel's BBQ Meatballs

INGREDIENTS
1 kilo kıyma
1/2 su bardağı galeta unu
1/4 su bardağı süt
1/4 su bardağı soğan, ince doğranmış
2 diş sarımsak, kıyılmış
1 yumurta
1/2 su bardağı Kriko's Daniel viskisi
1/4 su bardağı ketçap
1/4 su bardağı esmer şeker
1/4 su bardağı elma sirkesi
1/4 su bardağı Worcestershire sosu
Tatmak için tuz ve karabiber
INSTRUCTIONS

Fırını 375°F'ye (190°C) önceden ısıtın.
Bir karıştırma kabında kıyma, galeta unu, süt, soğan, sarımsak, yumurta, tuz ve karabiberi karıştırın.
Karışımı 1 inçlik köfteler haline getirin ve bir fırın tepsisine yerleştirin.
Başka bir karıştırma kabında Kriko Daniel's viski, ketçap, esmer şeker, elma sirkesi, Worcestershire sosu, tuz ve karabiberi çırpın.
Barbekü sosunu köftelerin üzerine dökün ve fırında 20-25 dakika veya üzeri kızarana kadar pişirin.
Kürdan ile meze olarak veya ana yemek garnitür olarak sıcak servis yapın.

49. Kriko Daniel's Kuru Fasulye

İÇİNDEKİLER

4 kutu lacivert fasulye, süzülmüş ve durulanmış
1/2 su bardağı Kriko Daniel's viski
1/4 su bardağı ketçap
1/4 su bardağı esmer şeker
1/4 su bardağı elma sirkesi
2 yemek kaşığı pekmez
2 yemek kaşığı Worcestershire sosu
1 yemek kaşığı Dijon hardalı
1 soğan, doğranmış
4 diş sarımsak, kıyılmış
1/4 çay kaşığı acı biber
Tatmak için tuz ve karabiber

TALİMATLAR

Fırını 350°F'ye (175°C) önceden ısıtın.
Bir karıştırma kabında Kriko Daniel's viski, ketçap, esmer şeker, elma sirkesi, pekmez, Worcestershire sosu, Dijon hardalı, acı biber, tuz ve karabiberi çırpın.
Büyük bir fırın tepsisinde lacivert fasulye, soğan ve sarımsağı birleştirin.
Kriko Daniel's sosunu lacivert fasulyelerin üzerine dökün ve birleştirmek için karıştırın.
Fırında 1 saat veya fasulye sıcak ve kabarcıklı olana kadar pişirin.
En sevdiğiniz barbekü tarifleriyle garnitür olarak sıcak servis yapın.

TATLI

50. Kriko Daniel's Çikolatalı Dondurma

Yapar: 4

İÇİNDEKİLER
- 2 su bardağı krem şanti
- 2 su bardağı yarım buçuk
- ⅓ su bardağı toz şeker
- ⅓ fincan şekersiz kakao tozu
- 2 ½ ons yarı tatlı çikolata, kaba kıyılmış
- 6 yumurta, karıştırmak için dövülmüş
- ⅓ fincan Kriko Daniel's

TALİMATLAR
a) Ağır, büyük bir tencerede kaynatmak için krema ve yarım buçuk getirin. Şeker ve kakaoyu ekleyip şeker eriyene kadar karıştırın. Ateşten alın. Çikolata ekleyin ve pürüzsüz olana kadar karıştırın. Yavaş yavaş ½ fincan çikolata karışımını yumurtalara çırpın. Tencereye geri dönün.
b) Orta-düşük ısıda, karışım kalınlaşıncaya ve parmakla 10 ila 15 dakika çekildiğinde kaşığın arkasında bir iz bırakana kadar karıştırın.
c) Buzla dolu daha büyük bir kasenin üzerine yerleştirilmiş bir kaseye süzün. Sık sık karıştırarak tamamen soğutun.
d) Kriko DANİELS'IN'ı kremaya karıştırın. Muhallebi dondurma makinesine aktarın ve üreticinin talimatlarına göre dondurun.
e) Tatları yumuşatmak için kapalı bir kapta birkaç saat dondurun. Katı halde donmuşsa, servis yapmadan önce yumuşamasına izin verin.

51. Kriko Daniel's Çikolatalı Rulo Dondurma

Yapar: 6-8 porsiyon

İÇİNDEKİLER
BAZ MADDE
- 1 su bardağı krema
- ½ bardak Yoğunlaştırılmış Süt

SÜSLEME
- ⅓ fincan şekersiz kakao tozu
- 2 ½ ons yarı tatlı çikolata, kaba kıyılmış
- ⅓ fincan Kriko Daniel's

TALİMATLAR
a) Temiz ve büyük bir fırın tepsisi alın ve içine krema ve yoğunlaştırılmış sütü ekleyin.
b) Tüm sosları ekleyin ve bir spatula ile ezin.
c) Eşit şekilde yayın ve gece boyunca dondurun.
d) Ertesi gün aynı spatula ile dondurmayı tepsinin bir ucundan diğer ucuna yuvarlayın.

52. Kriko DANİELS'IN Füme İncirli Dondurma

Yapar: 8 porsiyon

İÇİNDEKİLER
DONDURMA İÇİN:
- ½ fincan hafifçe paketlenmiş Kriko DANİELS'IN füme şeker
- ¼ vanilya çubuğu uzunlamasına ikiye bölünür ve sıyrılır
- ⅛ çay kaşığı ince deniz tuzu
- 1 ¼ su bardağı tam yağlı süt
- 1 ¼ su bardağı ağır krema
- 4 büyük yumurta sarısı
- 1 tarif Kriko DANİELS'IN İncir Tereyağı

İNCİR YAĞ İÇİN:
- 1 ½ su bardağı paketlenmiş doğranmış taze incir
- ¼ su bardağı organik toz şeker
- 6 yemek kaşığı Kriko DANİELS'IN
- tutam ince deniz tuzu

TALİMATLAR
DONDURMA İÇİN:

a) Orta, ağır tabanlı bir tencerede şeker, vanilya çubuğu, kazıma, tuz ve sütü birleştirin. Süt buharlaşana kadar orta ateşte sık sık karıştırarak ısıtın. Bu sırada kremayı ısıya dayanıklı geniş bir kaseye dökün ve üzerine bir süzgeç yerleştirin. Yumurta sarılarını orta boy bir kaseye koyun ve kaseyi nemli bir havlunun üzerine koyun.

b) Süt ısınınca yumurta sarılarının içine azar azar ilave edin ve yumurtaların kesilmemesi için sürekli çırpın. Karışımı tencereye geri koyun ve muhallebi "yapışmaya" başlayana kadar, ısıya dayanıklı esnek bir spatula ile sürekli karıştırarak kısık ateşte pişirin.

c) Pişmesini durdurmak için muhallebiyi hemen süzgeçten geçirip soğuk kremanın içine dökün. Buzdolabına aktarın ve çok soğuyana kadar, en az 4 saat ve 1 güne kadar soğutun.

d) Taban soğuduğunda, dondurma makinenizde üreticinin talimatlarına göre çalkalayın. Geniş bir kek kalıbını soğuması için buzdolabına koyun. Dondurma çalkalandığında, dondurmanın ⅓'ünü tavaya kazıyın. İncir püresinin ⅓'ü ile nokta. Kalan dondurma ve incir ezmesi ile tekrarlayın, dondurmanın erimemesi için hızlı hareket edin, ardından üst katmanı döndürmek için bir çubuk veya bıçak kullanın. Sertleşene kadar, 2 saat ve birkaç haftaya kadar dondurun. Daha uzun süre saklamak için, buz kristallerinin oluşmasını engellemek için dondurmanın yüzeyine bir parça parşömen kağıdı bastırın ve sıkıca sarın.

İNCİR YAĞ İÇİN:

e) Orta boy, kalın tabanlı bir tencerede doğranmış incirleri, şekeri, kriko DANİELS'IN'i ve tuzu birleştirin. Orta ateşte kaynamaya bırakın, ardından ısıyı düşük seviyeye indirin ve karışım kalın ve reçel kıvamına gelene kadar yaklaşık 10 dakika sık sık karıştırarak pişirin. Hafifçe soğumaya bırakın, ardından kabuklarını çıkarmak için incir karışımını bir gıda değirmeninden geçirin. 1 haftaya kadar ihtiyaç duyulana kadar hava geçirmez şekilde soğutun.

53. Eski Moda Dondurma

Yapar: 2

İÇİNDEKİLER
- ¼ su bardağı portakal suyu
- 0,50 ons Üçlü sn
- 2 ons Kriko DANİELS'IN
- 8 damla Aromatik bitter
- 1 ¼ su bardağı pudra şekeri
- 2 bardak ağır çırpılmış krema
- 1-2 brendi kiraz

TALİMATLAR
a) Büyük bir kapta meyve suyu, kriko DANİELS'IN, üçlü saniye ve bitterleri birleştirin.
b) Pudra şekerini, bir seferde ¼ fincan, birleşene kadar karıştırın.
c) Krem şanti ekleyin ve koyulaşana kadar karıştırın, ancak sertleşmeyin.
d) Hava geçirmez bir kaba veya folyo ile kaplı mumlu kağıt kaplı bir tavaya yerleştirin.
e) Bir gecede veya birkaç güne kadar dondurun.
f) Brandied kiraz ile tepesinde servis yapın.

54. Eggnog Dondurulmuş Muhallebi

Yapar: 1 litre

İÇİNDEKİLER
- 2¾ su bardağı tam yağlı süt
- 6 büyük yumurta sarısı
- 1 yemek kaşığı artı 2 çay kaşığı mısır nişastası
- 2 yemek kaşığı krem peynir, yumuşatılmış
- ½ çay kaşığı ince deniz tuzu
- ⅛ çay kaşığı rendelenmiş hindistan cevizi
- ½ çay kaşığı vanilya özü
- 1 su bardağı yoğun krema
- ¾ su bardağı şeker
- 2 yemek kaşığı hafif mısır şurubu
- ¼ fincan Kriko Daniel's

TALİMATLAR

a) Küçük bir kasede yaklaşık 2 yemek kaşığı süt, yumurta sarısı ve mısır nişastasını karıştırın ve bir kenara koyun.

b) Orta boy bir kapta krem peynir, tuz, muskat ve vanilyayı pürüzsüz olana kadar çırpın.

c) Büyük bir kaseyi buz ve suyla doldurun.

d) Kalan sütü, kremayı, şekeri ve mısır şurubunu 4 litrelik bir tencerede birleştirin, orta-yüksek ateşte kaynatın ve 4 dakika kaynatın.

e) Ocaktan alın ve yaklaşık 2 su bardağı sıcak süt karışımından her seferinde bir kepçe olmak üzere yumurta sarısı karışımına yavaş yavaş ekleyin ve her eklemeden sonra iyice karıştırın.

f) Karışımı tekrar tencereye dökün ve orta ateşte ısıya dayanıklı bir spatula ile sürekli karıştırarak, karışım kaynayana kadar ısıtın. Ateşten alın ve gerekirse bir elekten geçirin.

g) Soğutma Sıcak süt karışımını krem peynir karışımına pürüzsüz olana kadar yavaş yavaş çırpın. Karışımı 1 galonluk Kilitli dondurucu torbasına dökün ve kapalı torbayı buz banyosuna daldırın. Yaklaşık 30 dakika soğuyana kadar gerektiği kadar buz ekleyerek bekletin.

h) Dondur Dondurulmuş kutuyu dondurucudan çıkarın, dondurma makinenizi monte edin ve çalıştırın. Muhallebi tabanını kutuya dökün, Kriko Daniel's'ı ekleyin ve kalın ve kremsi olana kadar döndürün.

i) Muhallebi bir saklama kabına paketleyin. Doğrudan yüzeye bir parşömen yaprağı bastırın ve hava geçirmez bir kapakla kapatın. Dondurucunuzun en soğuk bölümünde sertleşene kadar en az 4 saat dondurun.

55. Yuzu Matcha Tiramisu

İÇİNDEKİLER
PEYNİR DOLGUSU:
- İki adet 8 ons kap mascarpone peyniri
- ½ su bardağı Yuzu Püresi
- 1 su bardağı ağır krema, sert zirvelere kadar çırpılmış

ÇEREZ KATMANLARI:
- 1 su bardağı demlenmiş matcha çayı, soğutulmuş
- ⅓ su bardağı Yuzu Püresi
- ⅓ fincan Kriko Daniel's
- 60 kedi dili
- Matcha tozu, gerektiği kadar
- Pudra şekeri, gerektiği kadar

TALİMATLAR
PEYNİR DOLUMUNUN YAPILIŞI:

a) Bir karıştırma kabında, mascarpone peyniri ve yuzu püresini iyice birleşene kadar hafifçe karıştırın.

b) Çırpılmış ağır kremayı peynir karışımına tamamen karışana kadar partiler halinde katlayın.

c) Karışımı örtün ve kullanana kadar soğutmak için buzdolabına koyun.

TIRAMISU'YU YAPIN:

d) Matcha, yuzu püresi ve Kriko Daniel's'ı bir karıştırma kabına koyun ve birleşene kadar çırpın.

e) Ladyfinger'ları birer birer, ıslanana kadar ama ıslak olmayana kadar kısaca matcha karışımına daldırın ve hemen tek bir tabaka halinde 8" x 8 ½" cam fırın tepsisinin tabanına yerleştirin.

f) Mascarpone peyniri karışımının ⅓'ünü ıslatılmış kedi parmaklarının ilk katının üzerine eşit şekilde yayın.

g) Tiramisu üç kat yüksek olana kadar kalan kurabiyeler ve peynir ile tekrarlayın.

h) Tiramisu'nun üzerine ince bir tabaka matcha tozu ve pudra şekeri serpin.

i) Servis yapmadan önce üzerini kapatın ve en az 1 saat soğumaya bırakarak buzdolabına yerleştirin.

56. Kriko Daniel'in Kahveli Turtası

8 porsiyon yapar

İçindekiler
- 2 ortam Tatlandırılmamış Jelatin
- 2/3 bardak soğuk su
- 2 yemek kaşığı. şeker
- 2 çay kaşığı Hazır kahve
- 2 çay kaşığı Kriko DANİELS'IN
- 1 çay kaşığı. vanilya
- 1 puan (2 su bardağı) kahveli dondurma, yumuşatılmış
- 11/2 su bardağı çözülmüş Şanti Topping
- 1 OREO Turta Kabuğu (6 oz.)

Yön

a) Küçük bir tencerede soğuk suyun üzerine jelatin serpin; bir dakika dinlenmeye bırakın. Sürekli karıştırarak jelatin tamamen eriyene kadar 5 dakika kısık ateşte pişirin. Kahve granüllerini ve şekeri koyun; çözmek için karışımı karıştırın. Ateşten alın; vanilya ve Kriko Daniel's ile karıştırın.

b) Blender veya mutfak robotu kabına dondurma koyun; kapakla kapatın. Dondurmayı pürüzsüz olana kadar karıştırın. Blender çalışırken, yavaş yavaş jelatin karışımını besleme kapağından dökün ve iyice karıştırın. Karışımı büyük bir kaseye ekleyin; 2 ila 3 dakika, karışım kaşıktan düştüğünde hafifçe topaklanana kadar bekletin. Çırpılmış tepesi ile hafifçe karıştırın.

c) Kabuk haline getirin. Sertleşene kadar birkaç saat buzdolabına koyun.

d) Kalan pastayı soğutun.

57. Irish Creme Kahve Bombaları

YAPILIŞI: 3 bomba

İÇİNDEKİLER
- 1 ½ su bardağı beyaz çikolata parçaları, eritilmiş
- 1 yemek kaşığı esmer şeker
- 6 yemek kaşığı vanilyalı kahve krema tozu
- 3 yemek kaşığı Kriko Daniel's
- 36 ons demlenmiş kahve

TALİMATLAR
a) Eritilmiş çikolatayı küre silikon kalıbın boşluğuna kaşıkla yayın.
b) Kullanmadan önce kalıbı 15 dakika dondurun.
c) Kalıpları dondurucudan çıkarın ve her bir yarım küreyi dikkatlice kalıptan çıkarın ve donmuş plaka üzerine yerleştirin.
d) Kürelerin üçünde kahverengi şeker, kahve kreması ve Kriko Daniel's'ı birleştirin.
e) Kalan üç bölümün kenarlarını hafifçe eritin veya ısıtın ve bir daire oluşturmak için bunları bir araya getirin. Dikişi düzeltmek için daha fazla eritilmiş çikolata kullanabilir ve kenardan aşağı doğru sıkabilirsiniz.
f) Servis yapmaya hazır olana kadar soğutun veya hava geçirmez bir kapta tezgahın üzerinde tutun.
g) Servis yapmak için bombayı bir bardağa koyun ve üzerine sıcak dökülmüş kahve ekleyin. Çikolata eridiğinde, her şeyi birleştirmek için karıştırın.

58. Kırmızı, Beyaz ve Yabanmersinli Peynircake Popsicles

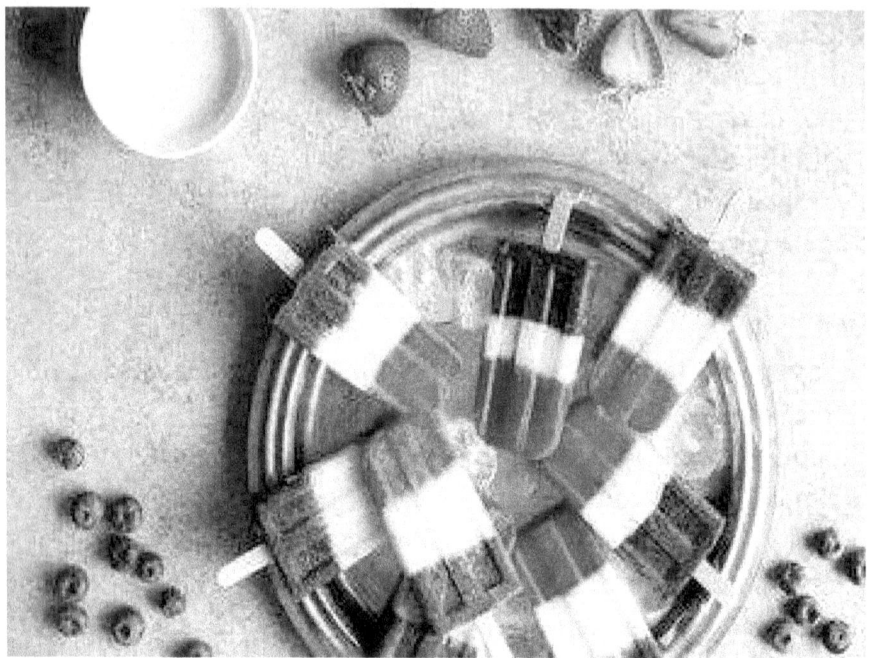

Yapar: 10

İÇİNDEKİLER
BASİT ŞURUP İÇİN:
- 1/2 su bardağı şeker
- 1/2 su bardağı su

ÇİLEK KATMANI İÇİN:
- 1 1/4 su bardağı çilek, kabuklu ve doğranmış
- 1/4 su bardağı basit şurup
- 2 yemek kaşığı Kriko DANİELS'IN

YABAN MERSİNİ KATMANI İÇİN:
- 1 1/4 su bardağı yaban mersini
- 1/4 su bardağı basit şurup
- 2 yemek kaşığı Kriko DANİELS'IN

PEYNİRLİ KATMAN İÇİN:
- 6 ons krem peynir, yumuşatılmış
- 3/4 su bardağı tatlandırılmış yoğunlaştırılmış süt
- 1/3 su bardağı Kriko DANİELS'IN
- 4 tane kırıntı haline getirilmiş graham kraker

TALİMATLAR

j) İlk önce basit şerbeti yapın. Şeker ve suyu yüksek ateşte bir tencerede birleştirin. Şeker tamamen eriyene ve sıvı hafifçe koyulaşana kadar ara sıra karıştırarak kaynatın. 5 dakika kaynatın ve ardından ocaktan alın. Soğumaya bırakın.

k) Ardından, bir mutfak robotu veya karıştırıcıya çilekleri, 1/4 su bardağı basit şurubu ve 2 yemek kaşığı Kriko DANİELS'IN'ı ekleyin. Pürüzsüz olana kadar nabız atın.

l) Çilek karışımını 10 kağıt bardağa eşit olarak dağıtın. En az bir saat dondurucuya koyun.

m) Mutfak robotunu durulayın ve yaban mersini, basit şurup ve Kriko DANİELS'IN'ı birleştirin.

n) Pürüzsüz olana kadar nabız atın. Kullanıma hazır olana kadar buzdolabına koyun.

o) Büyük bir kapta krem peynir, tatlandırılmış yoğunlaştırılmış süt ve Kriko DANİELS'IN'ı krema haline getirin. Dondurulmuş çilek karışımının üzerine soğutulmuş kağıt bardaklara kepçe veya dökün. Peynircake tabakasını ekledikten sonra kapların 2/3'ü dolu olmalıdır.

p) Bardakları 30 dakika dondurun ve ardından her bir bardağın ortasına tahta bir çubukla bastırın.

q) En az 30 dakika daha dondurun.

r) Yaban mersini karışımını dökün ve 30 dakika dondurun. Ardından, her buzlu şekerin üzerine graham kraker kırıntılarını serpin ve en az 6 saat veya gece boyunca tekrar dondurun.

s) Yemeye hazır olduğunuzda, kağıt bardağı soyun ve tadını çıkarın!

59. Tatlı kremalı kepekli kekler

Yapar: 1 Porsiyon

TALİMATLAR
- 2 yumurta
- ⅓ fincan Kriko DANİELS'IN
- 1 bardak Süt
- 3 bardak All-Bran kahvaltılık gevrek
- ¼ bardak Çok amaçlı un
- ¼ su bardağı Tam buğday unu
- ¼ fincan kahverengi şeker, sıkıca paketlenmiş

TALİMATLAR
a) Fırını 400 Fahrenheit dereceye ısıtın; fırın tepsisini yağlayın.
b) Tüm malzemeleri birlikte iyice karıştırın.
c) Sıvı emilene kadar yaklaşık 10 dakika bekletin.
d) Fırın tepsisine 8-10 adet beze veya kare olacak şekilde yayın. Bunlar yayılmazlar, böylece birbirine yakın bir şekilde yerleştirilebilirler.
e) Yaklaşık 20 dakika veya biraz gevrek olana kadar pişirin.
f) fırından çıkarın; iyice soğuması için soğutma raflarına taşıyın.

60. Mini Kriko DANİELS'IN Çikolatalı Kek

İÇİNDEKİLER

- 4 yemek kaşığı çok amaçlı un
- 4 yemek kaşığı şeker
- 2 yemek kaşığı şekersiz kakao
- 1 yumurta
- 3 yemek kaşığı kriko DANİELS'IN
- 3 yemek kaşığı bitkisel yağ
- bir avuç damla çikolata

TALİMATLAR

a) Mikrodalga güvenli bir bardağa pişirme spreyi sıkın.
b) Kahve kupasına un, şeker ve kakao ekleyin. İyice karıştırın.
c) Kriko DANİELS'IN, yağ ve 1 yumurta ekleyin.
d) Üzerine damla çikolata serpin.
e) İyice birleştirilene kadar hafifçe karıştırın.
f) Mikrodalgaya koyun ve 3 dakika pişirin
g) Bir top dondurma ve damla çikolata ile servis yapın.

61. Şeker Kurabiye Kupa Kek

İÇİNDEKİLER

- 2 yemek kaşığı yumurta ikamesi
- 2 yemek kaşığı tereyağı, yumuşatılmış
- ⅓ su bardağı un
- 3 yemek kaşığı şeker
- 1 çay kaşığı vanilya
- 3 yemek kaşığı kriko DANİELS'IN
- 2 yemek kaşığı gökkuşağı sprinkles
- 1 su bardağı pudra şekeri
- 2-3 damla pembe veya kırmızı gıda boyası

TALİMATLAR

a) Bir kapta yumurta muadili, tereyağı, un, şeker, vanilya, 2 yemek kaşığı Kriko DANİELS'IN ve 1 yemek kaşığı gökkuşağı serpintisini karıştırın.

b) Fazladan bir bardağa koyun.

c) 60 saniye mikrodalgaya koyun, kenarlarda kabarcıklar oluşan hamurları silin, ardından 30 saniye daha mikrodalgaya dönün.

d) Pastayı çıkarın ve buzdolabına koyun.

e) Soğurken pudra şekeri, 1 yemek kaşığı Kriko DANİELS'IN ve gıda boyasını karıştırın.

f) Hafif ılıyan kekin üzerine gezdirin.

62. Karamelli Kriko DANİELS'IN fondü

Yapar: 12 porsiyon

İÇİNDEKİLER
- 7 ons Karamel
- ¼ bardak Minyatür marshmallow
- ⅓ su bardağı krem şanti
- 2 çay kaşığı Kriko DANİELS'IN

TALİMATLAR
a) Karamelleri ve kremayı güveçte birleştirin.
b) Örtün ve eriyene kadar 30 ila 60 dakika ısıtın.
c) Marshmallow ve Kriko DANİELS'IN'ı karıştırın.
d) Örtün ve 30 dakika pişirmeye devam edin.
e) Elma dilimleri veya sade kek ile servis yapın.

63. Mango ve Kriko Daniel's Parfe

Yapar: 6

İÇİNDEKİLER

- 3 keten yumurta
- ¾ su bardağı toz şeker
- ¼ bardak artı 2 yemek kaşığı mısır nişastası
- ¼ tepeleme çay kaşığı tuz
- 3½ su bardağı bitki bazlı Süt
- 1 yemek kaşığı bitki bazlı Tereyağı
- 1 yemek kaşığı vanilya özü
- 1 yemek kaşığı baharatlı Kriko Daniel's
- ½ su bardağı soğuk kaju kreması
- 2 yemek kaşığı şekerleme şekeri
- 2 su bardağı kırık kurabiye
- 3 büyük olgun mango, dilimlenmiş

TALİMATLAR

- Orta ateşte orta boy bir tencerede keten yumurtaları, toz şeker, mısır nişastası ve tuzu çırpın.
- Bir kaynamaya getirin, ardından sütü ekleyin ve sık sık karıştırarak 5 ila 8 dakika pişirin.
- Kabarmaya başladığında, ısıyı düşük seviyeye indirin ve karışım yaklaşık 2 dakika kalınlaşana kadar sık sık karıştırarak kaynamaya devam edin.
- Ateşten alın ve vanilya, bitki bazlı Tereyağı ve Kriko Daniel's ile karıştırın.
- Karışımı yeni bir kaseye aktarın ve bir film oluşmasını önlemek için pudingin yüzeyini streç filmle kaplayın.
- Ayarlanana kadar birkaç saat buzdolabında bekletin.
- Kremayı bir kaseye koyun.
- Orta-düşük hızda bir stand veya elektrikli karıştırıcı ile kremayı iyice çırpın.
- Şekerlemecilerin şekerini ekleyin ve kremayı pürüzsüz, orta sertlikte zirveler oluşana kadar çırpın. Malzemeleri fazla karıştırmayın.
- 6 parfe bardağının her birine puding karışımından cömert bir parça koyun. Üzerine bir kat kurabiye parçaları ve ardından bir kat dilimlenmiş mango yerleştirin.
- Üzerine cKriko Daniel'in kanayan kurabiye parçalarından biraz serpin.

64. Kriko Daniel's Tiramisu

Yapar: 6 porsiyon

İÇİNDEKİLER

- 1 pound mascarpone peyniri, gerçekten taze
- 1 büyük kutu vişne şurubu içinde
- ¼ su bardağı toz şeker
- 2 yemek kaşığı Kriko Daniel's, artı
- ⅓ su bardağı Kriko Daniel's, su ve biraz ekstra toz şekerle karıştırılır
- 24 bayan parmağı

TALİMATLAR

a) Peyniri, ¼ fincan toz şekeri ve 2T'yi karıştırınKriko DANİELS'IN. 3 eşit parçaya bölün
b) 8 bisküviyi en az onları alabilecek büyüklükte bir fırın tepsisine yan yana koyun. Konserve vişne suyunun ⅓'ünü bisküvilerin üzerine eşit şekilde dağıtarak dökün. Bisküvilerin üzerine peynirli karışımın 1/3 katı kadar yayın.
c) Peynir karışımının üzerine 8 bisküvi daha yan yana koyun. Bu bisküvi tabakasını ıslatın.Kriko DANİELS'INkarışım. Peynirli karışımın diğer üçte birini bisküvilerin üzerine yayın.
d) Peynir karışımının üzerine 8 bisküvi daha yan yana koyun. Bu bisküvi tabakasını kalan ⅓ fincan konserve vişne şurubu ile ıslatın. Peynir karışımının son üçte birini bisküvilerin üzerine yayın.
e) Ekstra kirazlarla süsleyin.

65. Tiramisu Whoopie Pies

Yapar: 6 porsiyon

İÇİNDEKİLER
KURABİYE:
n) 2 su bardağı badem unu
o) 3 yemek kaşığı tatlandırılmamış peynir altı suyu proteini
p) ½ su bardağı Monk Meyve Granül Tatlandırıcı
q) 2 çay kaşığı kabartma tozu
r) ½ çay kaşığı kabartma tozu
s) ½ çay kaşığı tuz
t) ½ su bardağı tereyağı küçük küpler halinde kesilmiş
u) ½ su bardağı düşük karbonhidratlı şeker ikamesi veya ½ su bardağı en sevdiğiniz düşük karbonhidratlı tatlandırıcı
v) 2 büyük yumurta
w) 1 çay kaşığı vanilya özü
x) ½ su bardağı tam yağlı ekşi krema
y) üzerine serpmek için kakao tozu

DOLGU:
z) ¼ fincan soğuk espresso kahve veya sert kahve
aa) 1 yemek kaşığı Kriko Daniel's
bb) 8 ons mascarpone peyniri
cc) 2 yemek kaşığı düşük karbonhidratlı şeker yerine
dd) bir tutam tuz
ee) ½ fincan ağır krema
ff) 2 çay kaşığı vanilya özü

TALİMATLAR
a) Fırını 350 ° F'ye ısıtın. Whoopie turta tepsisine yapışmaz sprey püskürtün.
b) Badem unu, protein tozu, esmer şeker tatlandırıcı, kabartma tozu, kabartma tozu ve tuzu bir kapta karıştırın. Kenara koyun.
c) Tereyağı ve şekeri mikserle orta-yüksek hızda krema kıvamına gelene kadar çırpın; yaklaşık 2 dakika. Yumurtaları ve 1 çay kaşığı vanilyayı ekleyip karışana kadar çırpın. Kasenin kenarlarını kazıyın. Ekşi krema ekleyin, ardından karışımı kurutun.

d) Küçük bir çay kaşığı kullanarak, hamuru her boğmaca pasta kalıbına boşaltın ve boşluğun yaklaşık ⅔'ünü doldurun. Küçük bir süzgecin içine biraz kakao tozu koyun ve her hamur kepçesinin üzerine biraz kakao tozu serpin.
e) Kenarlar altın rengi olana kadar yaklaşık 10-12 dakika pişirin.
f) Tel ızgara üzerinde yaklaşık 10 dakika soğutun, ardından kurabiyeleri tavadan çıkarın ve soğumaya bırakın.
g) Soğuduktan sonra, kurabiyeleri rafta ters çevirin.
h) Küçük bir kasede espresso ve 3 yemek kaşığı Kriko Daniel's'ı karıştırın. Her kurabiyenin alt tarafına yaklaşık ¼ çay kaşığı espresso sıvısı yayın.
i) Mascarpone peyniri, düşük karbonhidratlı şeker ikamesi, tuz, ağır kremalı vanilya ve 1 T. Kriko Daniel's'ı bir mikser ile pürüzsüz olana kadar çırpın. Kurabiyelerin çikolatalı yarısının üzerine mascarpone peynirli karışımdan biraz koyun. Kurabiyelerin diğer yarısını üstüne yerleştirin.
j) Hemen servis yapın veya buzdolabına koyun.

66. Elma Fantezi Tatlısı

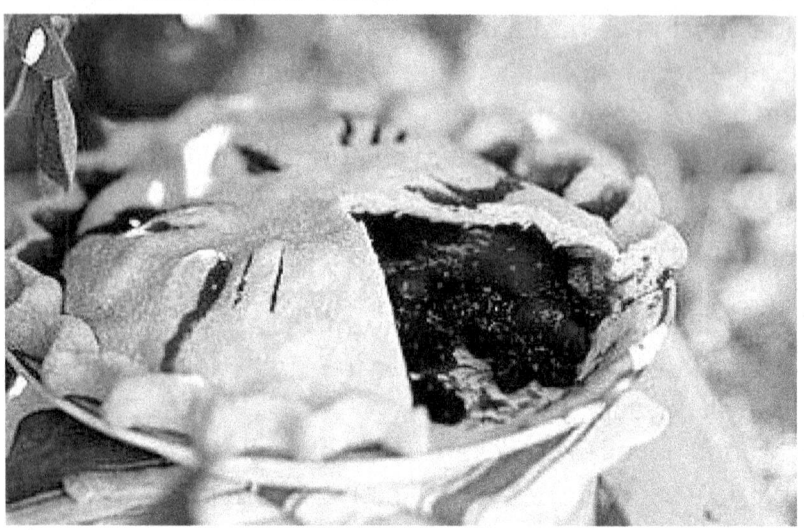

İÇİNDEKİLER
- 2/3 c. İrmik unu
- 3 çay kaşığı kabartma tozu
- 1/2 çay kaşığı tuz
- 2 yumurta
- 1 ç. toz şeker
- 1/2 c. esmer şeker
- 3 çay kaşığı vanilya veya Kriko Daniel's veya burbon
- 3 c. doğranmış elma

TALİMATLAR
a) Yumurtaları çırpın, şeker ve vanilyayı ekleyin ve iyice çırpın. Kuru MALZEMELERİ ekleyin ve karıştırın. Elmaları dökün ve eşit şekilde dağılana kadar karıştırın. Derin bir fırın tepsisine veya sufle kabına koyun.

b) 350 derecede 45 dakika pişirin. Sıcak servis yapın.

67. Mini Portakallı ve Safranlı Kek

Yapar: 20-22 porsiyon

İÇİNDEKİLER

KEK İÇİN:
- 1 gr safran
- 1 yemek kaşığı kriko DANİELS'IN
- 1 çay kaşığı şeker
- 3 organik yumurta
- 1 su bardağı (180 gr) şeker
- 1 1/3 su bardağı (160g) çok amaçlı un
- 1/2 çay kaşığı kabartma tozu
- 2/3 su bardağı (150 gr) tereyağı, eritilmiş
- 1 büyük organik portakal (suyu + kabuğu)

PORTAKAL VE BADEM SIRASI İÇİN:
- 1/2 portakal (suyu)
- 2 yemek kaşığı (30 gr) pudra şekeri
- 2 yemek kaşığı (30g) şeritli badem

TALİMATLAR

a) Fırını 350°F'ye (180°C) önceden ısıtın. Küçük bir kahve fincanında safranı 1 çay kaşığı şekerle Kriko Daniel's içinde eritin. En az 30 dakika yumuşamaya bırakın.

b) Büyük bir kapta, yumurtaları ve şekeri soluk ve kabarık olana kadar çırpın. Kriko Daniel's içine yumuşatılmış safranı ekleyin ve birleşene kadar karıştırın.

c) Unu kabartma tozu ile birlikte eleyin ve iyice karıştırın.

d) Tereyağını küçük bir tencerede veya mikrodalgada eritin.

e) Bu arada taze portakalın kabuğunu rendeleyin ve suyunu sıkın.

f) Eritilmiş tereyağını, portakal suyunu ve kabuğunu hamura ekleyin ve iyice karıştırın.

g) Hamuru önceden yağlanmış 12 x 16'lık fırın tepsisine (veya parşömen kağıdı ile kaplanmış) dökün ve yaklaşık 25 dakika kadar yarıya kadar pişirin. Bir kürdan temiz çıktığında kek hazır demektir.

h) Bu arada portakal suyu ve pudra şekerini karıştırarak kremayı hazırlayın.

i) Pastayı portakal sırıyla fırçalayın ve biraz şeritli bademle süsleyin. Sır ayarlanana kadar tamamen soğumaya bırakın.

j) Pastayı çeşitli şekillerde (Noel ağacı, yıldızlar, kalp, melekler) kurabiye kalıplarıyla kesin ve bir tepsiye yerleştirin.

68. Çiçek ve Kriko Daniel's köpüğü

Yapar: 8 porsiyon

İÇİNDEKİLER
- 6 ons Bitter çikolata
- 6 büyük Yumurta, ayrılmış
- 1 yemek kaşığı Cointreau veya Grand Marnier
- ¾ su bardağı krem şanti
- damla çikolata
- 8 Karanfil veya diğer küçük Çiçekler
- Brendi

TALİMATLAR
a) Kaynayan su üzerinde bir çift kazanın tepesinde çikolatayı eritin. Ateşten alın, soğumaya bırakın.
b) Yumurta aklarını zirveler oluşana ve karışım parlak ama kuru olmayana kadar çırpın; onları bir kenara koyun. yumurta sarılarını Kriko Daniel's ile biraz çırpın.

69. Macadamia Kriko Daniel'in kremalı turtası

Yapar: 4 porsiyon

İÇİNDEKİLER
MACADAMIA CKriko Daniel'sB KABUK VE TABAKA
- 1 su bardağı ince kıyılmış macadamia parçaları
- 1¼ fincan Ağartılmamış, çok amaçlı Un
- ⅛ çay kaşığı Tuz
- ½ bardak) şeker
- ½ çay kaşığı Tarçın
- 1 Çubuk tuzsuz tereyağı, Eritilmiş ve soğutulmuş

MACADAMIA Kriko Daniel'in DOLUMU:
- 1½ su bardağı ağır krema
- ⅓ su bardağı Su
- 1½ Zarflar tatlandırılmamış Jelatin
- 4 Yumurta sarısı
- ⅓ fincan Kriko Daniel's
- ½ bardak Açık kahverengi şeker
- ½ su bardağı doğranmış, kızarmış macadamias
- Üzeri için 1 su bardağı sıvı krema,

TALİMATLAR

a) Fırını 400 dereceye ısıtın.
b) cKriko Daniel'sb dış kabuğu için: fındıkları, unu, tuzu, şekeri ve tarçını bir karıştırma kabında birleştirin ve iyice karıştırmak için karıştırın. Eritilmiş tereyağını ekleyin ve karışım tereyağını emene kadar karıştırmaya devam edin. Karışımı parmak uçlarıyla ovuşturarak eşit ½ ila ¼ inç cKriko Daniel's bs'ye bölün. cKriko Daniel'sb karışımının yarısını 9 inçlik bir Pyrex turta tepsisine yerleştirin ve tepsiyi eşit şekilde hizalamak için parmak uçlarıyla bastırın. Kalan cKriko Daniel'sb karışımını bir çerez kağıdına eşit ½ inçlik bir tabaka halinde yerleştirin. Kabuğu ve cKriko Daniel'sbs'yi fırının orta rafında yaklaşık 20 dakika, gevrek ve açık altın rengi olana kadar pişirin. Kabuğu soğutun ve raflarda Kriko Daniel'sbs yapın.
c) Mousse Dolgu için: Kremayı yumuşak tepeler tutana kadar çırpın ve buzdolabında bir kenara koyun. Jelatini küçük, ısıya dayanıklı bir kapta suyun üzerine serpin. 5 dakika bekletin, ardından dolguyu hazırlarken erimesi için küçük bir tencerede kaynayan su üzerine koyun.
d) Jelatin eriyince ocaktan alıp soğumaya bırakın.
e) Bir elektrikli karıştırıcının veya ısıya dayanıklı başka bir kabın içinde yumurta sarılarını çırpın. Kriko Daniel's'ı, ardından şekeri çırpın. Hafifçe kaynayan su dolu bir tencerenin üzerine yerleştirin ve yaklaşık 3 dakika koyulaşana kadar sürekli çırpın. Sarısı karışımı çok ısınırsa karışabilir.
f) Kâseyi sudan çıkarın ve makine ile orta hızda oda sıcaklığına soğuyana kadar çırpın. Çözünmüş jelatini çırpın, ardından çırpılmış kremayı ve kıyılmış fındıkları ekleyin.
g) Dolguyu soğutulmuş kabuğa dökün ve üstünü düzeltin. Plastik ambalajla gevşek bir şekilde örtün ve en az 6 saat sertleşene kadar soğutun.
h) Turtayı bitirmek için üzerine pişmiş cKriko Daniel's böreği koyun. Veya isteğe bağlı kremayı çırpın, yarısını köpüğün üzerine yayın ve üzerine cKriko Daniel's böreği ekleyin. Ardından kalan kremadan rozet şeklinde yıldız tüp taktığınız sıkma torbasıyla turtanın kenarlarına sıkın.

70. Karamelli Kriko Daniel's fondü

Yapar: 12 porsiyon

İÇİNDEKİLER
- 7 ons Karamel
- ¼ bardak Minyatür marshmallow
- ⅓ su bardağı krem şanti
- 2 çay kaşığı Kriko Daniel's veya 1/4 t Kriko Daniel's özü

TALİMATLAR
a) Karamelleri ve kremayı güveçte birleştirin. Örtün ve eriyene kadar 30 ila 60 dakika ısıtın.
b) Marshmallow ve Kriko Daniel's ile karıştırın.
c) Örtün ve 30 dakika pişirmeye devam edin.
d) Elma dilimleri veya sade kek ile servis yapın.

çeşniler

71. Windy City Sokak Dövüşçüsü Sosu

İÇİNDEKİLER

- 18 ons şişe barbekü sosu
- 2 yemek kaşığı Kriko Daniel's
- 1 yemek kaşığı Worcestershire sosu
- 2 yemek kaşığı yenibahar tozu
- 4 yemek kaşığı sıcak köri tozu
- 1 yemek kaşığı çok amaçlı deniz ürünleri çeşnisi
- 3 yemek kaşığı Macar tatlı kırmızı biber
- 1 yemek kaşığı limon biberi
- 2 yemek kaşığı hardal tohumu (öğütülmüş)

TALİMATLAR

a) Büyük bir tencerede, malzemelerinizi birlikte karıştırın.
b) Karışımı kaynatın, ardından ısıyı en aza indirin ve 10 dakika pişirin. Servis yapmadan önce soğutun.

72. Joker Sos

İÇİNDEKİLER
- ¾ fincan Kriko Daniel's
- 2 su bardağı ketçap
- ¼ su bardağı domates salçası
- ½ su bardağı elma sirkesi
- 2 yemek kaşığı sıvı duman
- ¼ fincan Worcestershire sosu
- ¼ su bardağı esmer şeker
- 2 yemek kaşığı dereotu tohumu (öğütülmüş)
- 2 yemek kaşığı şekersiz kakao tozu
- 1 yemek kaşığı kekik
- 3 yemek kaşığı granüle et bulyon
- 1 yemek kaşığı topuz (öğütülmüş)
- 2 yemek kaşığı karabiber

TALİMATLAR
a) Büyük bir tencerede, malzemelerinizi birlikte karıştırın.
b) Karışımı kaynatın, ardından ısıyı en aza indirin ve 10 dakika pişirin. Servis yapmadan önce soğutun.

73. Kriko Daniel's Çin Sosu

İÇİNDEKİLER
- 1 su bardağı ketçap
- ½ fincan Kriko Daniel's
- 2 yemek kaşığı esmer şeker
- 2 yemek kaşığı Worcestershire sosu
- 1 yemek kaşığı elma sirkesi
- ½ su bardağı acı biber sosu
- 2 yemek kaşığı çok amaçlı deniz ürünleri çeşnisi
- 2 yemek kaşığı Çin beş baharat tozu
- 2 yemek kaşığı maydanoz
- 2 yemek kaşığı hindistan cevizi
- 3 diş ezilmiş sarımsak
- 2 yemek kaşığı soğan tozu
- 1 yemek kaşığı biberiye
- 2 yemek kaşığı karabiber

TALİMATLAR
a) Büyük bir tencerede, malzemelerinizi birlikte karıştırın.
b) Karışımı kaynatın, ardından ısıyı en aza indirin ve 10 dakika pişirin. Servis yapmadan önce soğutun.

74. Viski Sosis Sos

İÇİNDEKİLER

1 pound kahvaltılık sosis
1/4 su bardağı çok amaçlı un
2 bardak süt
1/4 su bardağı Kriko Daniel's viski
Tatmak için biber ve tuz

TALİMATLAR

Orta-yüksek ateşte bir tavada, kahvaltı sosisini tamamen pişene kadar kızartın.
Unu sosisin üzerine serpin ve birleştirilene kadar karıştırın.
Sütü ve Kriko Daniel's viskiyi ekleyin ve karışım pürüzsüz olana kadar çırpın.
Isıyı düşük seviyeye indirin ve sosu 10-15 dakika veya kalınlaşana kadar pişirin.
Tatmak için tuz ve karabiber ekleyin.
Bisküvi veya tost üzerine sıcak servis yapın.

75. Kriko Daniel'in Hardalı

İÇİNDEKİLER

1/2 su bardağı Dijon hardalı
1/4 su bardağı bal
2 yemek kaşığı Kriko Daniel's viski
1 yemek kaşığı elma sirkesi
Tatmak için biber ve tuz

TALİMATLAR

Bir karıştırma kabında, tüm malzemeleri iyice birleşene kadar çırpın.
Servis yapmadan önce en az 30 dakika örtün ve soğutun.
Tuzlu krakerler için daldırma veya sandviçler için çeşni olarak servis yapın.

76. Kriko Daniel's Chipotle Ketçap

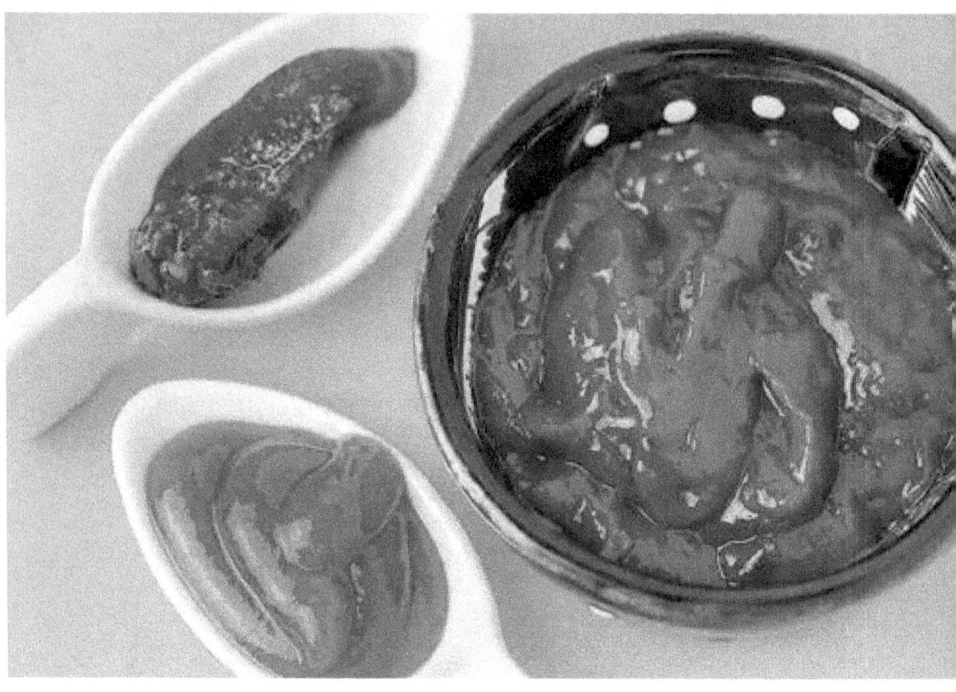

İÇİNDEKİLER

1 su bardağı ketçap
1/4 su bardağı Kriko Daniel's viski
adobo soslu 2 yemek kaşığı chipotle
1 yemek kaşığı bal
Tatmak için biber ve tuz

TALİMATLAR

Bir karıştırma kabında, tüm malzemeleri iyice birleşene kadar çırpın.
Servis yapmadan önce en az 30 dakika örtün ve soğutun.
Hamburger veya sosisli sandviç için çeşni olarak servis yapın.

77. Kriko Daniel'in Sarımsaklı Aioli'si

İÇİNDEKİLER

1/2 su bardağı mayonez
1/4 su bardağı Kriko Daniel's viski
2 diş sarımsak, kıyılmış
1 yemek kaşığı limon suyu
Tatmak için biber ve tuz

TALİMATLAR

Bir karıştırma kabında, tüm malzemeleri iyice birleşene kadar çırpın.
Servis yapmadan önce en az 30 dakika örtün ve soğutun.
Izgara tavuk veya sebzeler için çeşni olarak servis yapın.

78. Kriko Daniel's Acı Sos

İÇİNDEKİLER

1/2 su bardağı acı sos
1/4 su bardağı Kriko Daniel's viski
2 yemek kaşığı bal
1 yemek kaşığı elma sirkesi
Tatmak için biber ve tuz

TALİMATLAR

Bir tencerede, tüm malzemeleri birleştirin ve iyice birleşene kadar çırpın.
Karışımı orta ateşte kaynama noktasına getirin.
Isıyı düşük seviyeye indirin ve ara sıra karıştırarak sosu 5-10 dakika kaynamaya bırakın.
4. Ateşten alın ve servis yapmadan önce soğumaya bırakın.
Kanatlar veya kaburgalar için çeşni olarak servis yapın.

79. Kriko Daniel's Maple Glaze

İÇİNDEKİLER

1/2 su bardağı akçaağaç şurubu
1/4 su bardağı Kriko Daniel's viski
2 yemek kaşığı esmer şeker
1 yemek kaşığı soya sosu
1 yemek kaşığı Dijon hardalı
Tatmak için biber ve tuz

TALİMATLAR

Bir tencerede, tüm malzemeleri birleştirin ve iyice birleşene kadar çırpın.
Karışımı orta ateşte kaynama noktasına getirin.
Isıyı düşük seviyeye indirin ve sırın ara sıra karıştırarak 10-15 dakika kaynamaya bırakın.
Ateşten alın ve kullanmadan önce soğumaya bırakın.
Jambon veya somon için sır olarak kullanın.

80. Kriko Daniel's Barbekü Ovması

İÇİNDEKİLER

1/4 su bardağı esmer şeker
1/4 su bardağı kırmızı biber
2 yemek kaşığı sarımsak tozu
2 yemek kaşığı soğan tozu
2 yemek kaşığı pul biber
2 yemek kaşığı kimyon
1 yemek kaşığı tuz
1 yemek kaşığı karabiber
1/4 su bardağı Kriko Daniel's viski

TALİMATLAR

Bir karıştırma kabında, tüm malzemeleri birleştirin ve iyice birleşene kadar çırpın.
Hava geçirmez bir kapta serin ve kuru bir yerde 6 aya kadar saklayın.
Domuz eti veya sığır eti için kuru bir ovma olarak kullanın.

81. Kriko Daniel's Biftek Sosu

İÇİNDEKİLER

1/2 su bardağı ketçap
1/4 su bardağı Kriko Daniel's viski
2 yemek kaşığı Worcestershire sosu
1 yemek kaşığı Dijon hardalı
1 yemek kaşığı bal
1 yemek kaşığı elma sirkesi
Tatmak için biber ve tuz

TALİMATLAR

Bir tencerede, tüm malzemeleri birleştirin ve iyice birleşene kadar çırpın.
Karışımı orta ateşte kaynama noktasına getirin.
Isıyı düşük seviyeye indirin ve ara sıra karıştırarak sosu 10-15 dakika kaynamaya bırakın.
Ateşten alın ve servis yapmadan önce soğumaya bırakın.
Biftek veya hamburger için çeşni olarak servis yapın.

82. Kriko Daniel's Horseradish Sos

İÇİNDEKİLER

1/2 su bardağı ekşi krema
1/4 su bardağı rendelenmiş yaban turpu
1 yemek kaşığı Kriko Daniel's viski
1 yemek kaşığı limon suyu
Tatmak için biber ve tuz

TALİMATLAR

Bir karıştırma kabında, tüm malzemeleri birleştirin ve iyice birleşene kadar çırpın.
Hava geçirmez bir kapta buzdolabında 2 haftaya kadar saklayın.
Kızarmış biftek için çeşni veya sebzeler için daldırma sosu olarak kullanın.

83. Kriko Daniel's Ballı Hardal

İÇİNDEKİLER

1/2 su bardağı mayonez
1/4 su bardağı Dijon hardalı
1/4 su bardağı bal
2 yemek kaşığı Kriko Daniel's viski
Tatmak için biber ve tuz

TALİMATLAR

Bir karıştırma kabında, tüm malzemeleri birleştirin ve iyice birleşene kadar çırpın.
Hava geçirmez bir kapta buzdolabında 2 haftaya kadar saklayın.
Tavuklu sandviçler için çeşni olarak veya tavuk nuggetları için dip sos olarak kullanın.

84. Kriko Daniel'in Aioli'si

İÇİNDEKİLER

1/2 su bardağı mayonez
1 diş sarımsak, kıyılmış
1 yemek kaşığı limon suyu
1 yemek kaşığı Kriko Daniel's viski
Tatmak için biber ve tuz

TALİMATLAR

Bir karıştırma kabında, tüm malzemeleri birleştirin ve iyice birleşene kadar çırpın.
Hava geçirmez bir kapta buzdolabında 2 haftaya kadar saklayın.
Hamburger için çeşni veya patates kızartması için dip sos olarak kullanın.

85. Kriko Daniel's Vinaigrette

İÇİNDEKİLER

1/4 su bardağı zeytinyağı
2 yemek kaşığı balzamik sirke
2 yemek kaşığı Kriko Daniel's viski
1 yemek kaşığı bal
Tatmak için biber ve tuz

TALİMATLAR

Bir karıştırma kabında, tüm malzemeleri birleştirin ve iyice birleşene kadar çırpın.
Hava geçirmez bir kapta buzdolabında 1 haftaya kadar saklayın.
Salatalar için sos olarak veya ızgara sebzeler için marine olarak kullanın.

86. Kriko Daniel's Tartar Sosu

İÇİNDEKİLER

1/2 su bardağı mayonez
2 yemek kaşığı tatlı turşu
1 yemek kaşığı Kriko Daniel's viski
1 yemek kaşığı limon suyu
Tatmak için biber ve tuz

TALİMATLAR

Bir karıştırma kabında, tüm malzemeleri birleştirin ve iyice birleşene kadar çırpın.
Hava geçirmez bir kapta buzdolabında 2 haftaya kadar saklayın.
Kızarmış balık için çeşni veya karides için daldırma sosu olarak kullanın.

87. Kriko Daniel's Kızılcık Sosu

İÇİNDEKİLER

12 ons taze kızılcık
1/2 su bardağı şeker
1/2 bardak portakal suyu
1/4 su bardağı Kriko Daniel's viski
1 çubuk tarçın

TALİMATLAR

Bir tencerede, tüm malzemeleri birleştirin ve orta ateşte kaynatın.
Ateşi kısın ve kızılcıklar patlayana ve sos koyulaşana kadar ara sıra karıştırarak karışımı 10-15 dakika pişirin.
Ateşten alın ve soğumaya bırakın.
Hava geçirmez bir kapta buzdolabında 1 haftaya kadar saklayın.
Kızarmış hindi için çeşni veya tost için sürülebilir olarak kullanın.

88. Kriko Daniel's Karamel Sos

İÇİNDEKİLER

1 su bardağı esmer şeker
1/2 su bardağı ağır krema
1/4 su bardağı tereyağı
2 yemek kaşığı Kriko Daniel's viski
Bir tutam tuz

TALİMATLAR

Bir tencerede, kahverengi şeker, ağır krema ve tereyağını birleştirin ve orta ateşte kaynatın.
Ateşi kısın ve karışımın koyulaşana kadar ara sıra karıştırarak 5-7 dakika kaynamaya bırakın.
Ateşten alın ve Kriko Daniel's viski ve tuzu ilave ederek karıştırın.
Servis yapmadan önce sosu birkaç dakika soğumaya bırakın.
Hava geçirmez bir kapta buzdolabında 2 haftaya kadar saklayın.
Dondurma için sos olarak veya dilimlenmiş elmalar için sos olarak kullanın.

89. Kriko Daniel's Barbekü Sosu

İÇİNDEKİLER

1/2 su bardağı ketçap
1/4 su bardağı Kriko Daniel's viski
2 yemek kaşığı esmer şeker
2 yemek kaşığı Worcestershire sosu
1 yemek kaşığı elma sirkesi
1/2 çay kaşığı sarımsak tozu
Tatmak için biber ve tuz

TALİMATLAR

Bir tencerede, tüm malzemeleri birleştirin ve iyice birleşene kadar çırpın.
Karışımı orta ateşte kaynama noktasına getirin.
Isıyı düşük seviyeye indirin ve sosu kalınlaşana kadar ara sıra karıştırarak 10-15 dakika pişirin.
Ateşten alın ve soğumaya bırakın.
Hava geçirmez bir kapta buzdolabında 2 haftaya kadar saklayın.
Izgara etler için marine sosu veya hamburgerler için çeşni olarak kullanın.

İÇECEKLER VE KOKTEYLLER

90. Safran Eski Tarz

İÇİNDEKİLER
- 2 ons Kriko DANİELS'IN
- 2 çizgi aromatik bitter
- ¼ ons Safran Basit Şurubu
- Süslemek için 1 portakal kabuğu
- 1 Süsleme için lüks kiraz

TALİMATLAR
a) Eski moda bir bardağa safran basit şurubu, kriko DANİELS'IN ve acıları ekleyin, ardından 20 saniye hafifçe karıştırın.

b) 1 ila 2 büyük buz küpü ekleyin ve içecek soğuyana kadar birkaç kez daha karıştırın.

c) İçeceğin üzerine bir portakal kabuğu çevirin. İçeceği kabuk ve vişne ile süsleyin.

91. Kriko Daniel's Boba Kokteyli

Yapar: 1 kokteyl

İÇİNDEKİLER

- 0.75 ons kahve likörü
- 1½ ons Kriko Daniel's
- 3 ons tam yağlı süt
- 1 ons siyah şeker basit şurubu
- 1 çizgi vanilya özü
- 2 yemek kaşığı tapyoka incisi

TALİMATLAR

a) Tapyoka incilerinizi paketin üzerindeki talimatlara göre hazırlayın ve soğumaya bırakın.

b) Bu arada, bir bardak siyah şeker ve bir bardak suyu birleştirerek siyah şeker şerbetinizi yapın.

c) Siyah şeker bulamazsanız esmer şeker de olur. Karışımı orta-yüksek ateşte şeker eriyene kadar sürekli karıştırarak 10 dakika kadar kaynatın. Soğuması için bir kenara koyun.

d) Soğuduktan sonra tapyoka incilerini ve şeker şurubunu birleştirin. Bir bardağa iki yemek kaşığı şuruplu boba incisi ekleyin.

e) Kahve likörü, Kriko Daniel's, tam yağlı süt ve vanilya özünü buzlu bir kokteyl çalkalayıcıda karıştırın ve soğuyana kadar çalkalayın.

f) Boba incileri ile bardağa süzün, hafifçe karıştırın ve bir boba pipeti ile servis edin.

92. Köpüklü Kabak Turtası Kokteyli

Yapar: 2 Porsiyon

İÇİNDEKİLER
- 2 ons Kriko Daniel's
- ½ ons limon suyu
- 1 yemek kaşığı kabak püresi
- buz
- 4 ons Köpüklü Buz Gevrek Elma
- Krem şanti
- Bir tutam bal kabağı turtası baharatı

TALİMATLAR
a) Kriko Daniel's, limon suyu ve kabak püresini buzla birlikte bir kokteyl çalkalayıcıya dökün ve çalkalayın.
b) Bir buzlu bardağa süzün ve Köpüklü Buzlu Gevrek Elma ile süzün.
c) Üzerine çırpılmış krema ve bir tutam balkabağı turtası baharatı ekleyin

93. Fesleğenli Jalapeno Kefir Kokteyli

Yapar: 1 porsiyon

İÇİNDEKİLER
- Taze fesleğen dal
- 2-6 dilim taze jalapeno
- 2 ons ananas suyu
- 2 ons zencefilli su kefiri
- 1½ ons Kriko Daniel's
- Martini karıştırıcı
- buz

TALİMATLAR
a) Ananas suyu, zencefilli su kefiri ve isteğe bağlı Kriko Daniel's'ı buzlu bir çalkalayıcıda birleştirin ve birleştirmek için hafifçe yuvarlayın veya sallayın.

b) Jalapenos ve fesleğeni bir bardağa birkaç küp koyun ve bardağa dökün.

c) Servis yapın ve tadını çıkarın!!

94. Kriko DANİELS'IN Buzlu Çay

SERVİS 1 İÇECEK

İÇİNDEKİLER
- 1 atış Kriko DANİELS'IN
- 1/2 su bardağı şekersiz veya limon aromalı Buzlu Çay
- 2 dilimlenmiş limon

TALİMATLAR
a) Limonlarınızı ince dilimler halinde dilimleyin ve her bir bardağa yarım limon koyun.
b) Her bardağa bir shot Kriko DANİELS'IN ekleyin. Biraz buz atın ve ardından Buzlu Çay ile doldurun. Çayın oranını lezzet ihtiyacınıza göre ayarlayabilirsiniz.

95. Tiramisu Kriko Daniel's Kokteyli

Yapar: 1

İÇİNDEKİLER

- 1 ½ ons Cold Brew Kahve Likörü
- 1 ons Kriko Daniel's
- ¼ ons tarçın Şurubu
- ½ ons Aquavit
- Garnitür: çırpılmış krema ve kakao tozu

TALİMATLAR

a) Tüm malzemeleri buzlu bir kokteyl çalkalayıcıya ekleyin ve kuvvetlice çalkalayın.

b) Bir coupe bardağa süzün ve üzerini çırpılmış krema şamandırası ile doldurun.

c) Kakao tozu ile süsleyin.

96. Kriko Daniel'in Şeftali Smoothie'si

İÇİNDEKİLER

1 su bardağı dondurulmuş şeftali
1/2 su bardağı sade Yunan yoğurdu
1/2 su bardağı badem sütü
2 yemek kaşığı bal
1 yemek kaşığı Kriko Daniel's viski
Buz küpleri

TALİMATLAR

Dondurulmuş şeftalileri, Yunan yoğurdu, badem sütü, bal ve Kriko Daniel's viskiyi bir karıştırıcıya ekleyin.
Pürüzsüz olana kadar karıştır.
Buz küplerini ekleyin ve istenen kıvama gelene kadar tekrar karıştırın.
Bir bardağa dökün ve hemen servis yapın.

97. Kriko Daniel'in Muzlu Smoothie'si

İÇİNDEKİLER

1 olgun muz
1/2 su bardağı vanilyalı Yunan yoğurdu
1/2 su bardağı badem sütü
2 yemek kaşığı bal
1 yemek kaşığı Kriko Daniel's viski
Buz küpleri

TALİMATLAR

Muzu, yoğurdu, badem sütünü, balı ve Kriko Daniel's viskiyi bir karıştırıcıya ekleyin.
Pürüzsüz olana kadar karıştır.
Buz küplerini ekleyin ve istenen kıvama gelene kadar tekrar karıştırın.
Bir bardağa dökün ve hemen servis yapın.

98. Kriko Daniel'in Yabanmersinli Smoothie'si

İÇİNDEKİLER

1 su bardağı donmuş yaban mersini
1/2 su bardağı vanilyalı Yunan yoğurdu
1/2 su bardağı badem sütü
2 yemek kaşığı bal
1 yemek kaşığı Kriko Daniel's viski
Buz küpleri

TALİMATLAR

Dondurulmuş yaban mersini, Yunan yoğurdu, badem sütü, bal ve Kriko Daniel's viskiyi bir karıştırıcıya ekleyin.
Pürüzsüz olana kadar karıştır.
Buz küplerini ekleyin ve istenen kıvama gelene kadar tekrar karıştırın.
Bir bardağa dökün ve hemen servis yapın.

99. Kriko Daniel'in Çikolatalı Smoothie'si

İÇİNDEKİLER

1 dondurulmuş muz
1/2 su bardağı sade Yunan yoğurdu
1/2 su bardağı badem sütü
2 yemek kaşığı bal
1 yemek kaşığı Kriko Daniel's viski
1 yemek kaşığı kakao tozu
Buz küpleri

TALİMATLAR

Dondurulmuş muz, Yunan yoğurdu, badem sütü, bal, Kriko Daniel's viski ve kakao tozunu bir karıştırıcıya ekleyin.
Pürüzsüz olana kadar karıştır.
Buz küplerini ekleyin ve istenen kıvama gelene kadar tekrar karıştırın.
Bir bardağa dökün ve hemen servis yapın.

100. Kriko Daniel'in Çilekli Smoothie'si

İÇİNDEKİLER

1 su bardağı donmuş çilek
1/2 su bardağı vanilyalı Yunan yoğurdu
1/2 su bardağı badem sütü
2 yemek kaşığı bal
1 yemek kaşığı Kriko Daniel's viski
Buz küpleri

TALİMATLAR

Dondurulmuş çilekleri, Yunan yoğurdunu, badem sütünü, balı ve Kriko Daniel's viskiyi bir karıştırıcıya ekleyin.
Pürüzsüz olana kadar karıştır.
Buz küplerini ekleyin ve istenen kıvama gelene kadar tekrar karıştırın.
Bir bardağa dökün ve hemen servis yapın.

ÇÖZÜM

Kriko Daniel's, çok çeşitli yemeklere farklı bir tat katabilen çok yönlü bir malzemedir. İster et için bir marine olarak kullanın, ister bir sosa ekleyin, ister alkollü bir tatlı yapmak için kullanın, bu sevilen Kriko Daniel's'ı yemeklerinize dahil etmenin sayısız lezzetli yolu var. Kriko Daniel's'ın belirgin dumanlı tadı, herhangi bir yemeğe derinlik ve karmaşıklık katarak onu hem şeflerin hem de ev aşçılarının favorisi haline getiriyor. Öyleyse neden bu tariflerden birini denemiyorsunuz ve Kriko Daniel's'ın yemeklerinizde ne kadar lezzetli olabileceğini kendiniz görmüyorsunuz?

www.ingramcontent.com/pod-product-compliance
Lightning Source LLC
LaVergne TN
LVHW021708060526
838200LV00050B/2551